JN058710

［パワーポイント］

Making perfect presentation materials

［最速仕事術］

Maeda Kamari

前田鎌利

ダイヤモンド社

はじめに

「最速最強」のパワーポイント仕事術

　もっと短時間でプレゼン資料をつくれるようになりたい……。

　私は、これまで600社を超える企業などで「プレゼン研修」を実施してきましたが、参加されたビジネスパーソンの皆さんから、何度も、このような切実な願いを聞いてきました。

　これは、かつての私の願いでもあります。

　私は、ソフトバンクに在籍していたころ、孫正義社長（当時）にプレゼンした事業提案が採択され、本社業務に加えて、子会社の取締役をはじめ、いくつもの仕事を兼務していました。それは、きわめて高い充実感を与えてくれる体験でしたが、同時に、膨大な仕事量に押しつぶされるリスクを伴うことでもありました。

　しかも、次々と与えられる課題への対応策や新規事業の提案など、社内外で数多くのプレゼンをしなければならない立場です。いかに効率的に「一発OK」がとれるプレゼン資料をつくるかは、私にとって大きな課題でした。いや、膨大な仕事量に押しつぶされないために、絶対に克服すべき「死活問題」ですらあったのです。

　そして、無数のプレゼン資料を作成するなかで、試行錯誤の末に、私なりの「資料作成ノウハウ」を確立することができました。

　プレゼン資料を最速で作成するために最も重要なのは、「スライドの型」を把握することです。見た瞬間に内容が理解できる優れたスライドには、「テキスト」「図形」「グラフ」「画像」「アニメーション・画面切り替え」などの「型」があります。

　その「型」を把握しさえすれば、あとは、その「型」を最速でつくるパワーポイントの操作法をマスターするだけで、驚くほど効率的に資料作成を終

えることができるのです。

　もうひとつ重要なことがあります。
　パワーポイントには、実に多くの機能がありますが、その大半は使う必要がないということです。たとえば、多くの種類が用意されている「アニメーション」「画面切り替え」のなかで、私が主に使っているのは「たった５つ」だけ。体感値ではありますが、おそらく私は、全機能の７割以上を使っていないと思います。
　しかし、それで十分です。実際、私は限られた機能を使うだけで、孫社長をはじめ超一流のビジネスパーソンから「一発OK」を勝ち取ってきました。重要なのは、パワポの機能に詳しいことではなく、「スライドの型」を作成するために必要な操作法をマスターすることです。そして、限られた機能だけを迷いなく使うからこそ、資料作成スピードは劇的に速くなるのです。

　そこで本書は、「スライドの型」を示したうえで、それをつくるためのパワーポイントの操作手順を、280を超える「操作画面」を見ながら辿れるように構成しました。
　「操作画面」のとおりにすればよいだけですから、はじめてパワーポイントを使う“超初心者”でも100％マスターできます。実際の仕事のなかで何度も繰り返すことで、本書のノウハウを「体」で覚えていただければ、圧倒的なスピードで「優れたプレゼン資料」をつくれるようになるはずです。
　また、本書のノウハウを使えば、27万部を超えるベストセラー・シリーズ『社内プレゼンの資料作成術』『社外プレゼンの資料作成術』『プレゼン資料のデザイン図鑑』に掲載したスライドのほぼすべてを作成することができます。これらのシリーズを最大限に活用するためにも、ぜひ本書を使いこなしていただきたいと願っています。

　2020年3月　　　　　　　　　　　　　　　　　　　前田鎌利

パワーポイント最速仕事術　　*Contents*

Contents

第2章 「図形」をマスターする

Contents

Contents

Contents

Column3

パワポのデフォルト設定を"自分用"にカスタマイズする

第**4**章 「ビジュアル・スライド」をマスターする

Lesson 24 「画像」をスライドに取り込む

Lesson 25 画像を「トリミング」する

Lesson 26 「モノクロ」「セピア色」の画像をつくる

Contents

カバーデザイン／奥定泰之
本文デザイン／斎藤 充(クロロス)
DTP／谷関笑子(TYPEFACE)
図版デザイン／堀口友恵(固)
校正／三森由紀子
編集／田中 泰

Contents

【本書の使い方】

◉ 本書は、Microsoft社Office365のPowerPoint（2020年1月10日時点）の操作法を解説しています。また、WindowsOSでPowerPointを稼働させたときの操作法を解説しています（2020年4月22日にOffice365はMicrosoft365に改称）。

◉ 「『ホーム』タブを開いて、『配置』をクリックして、『グループ化』を選択する」という一連の操作を、「［ホーム＞配置＞グループ化］を選択する」と表記しています。

◉ 本書では、パワーポイント画面の各パーツを以下の名称で表記しています。

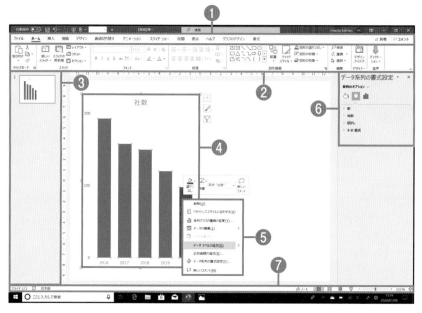

❶ **タブ**：「ホーム」「挿入」など機能を切り替えるつまみ。
❷ **リボン**：タブごとに、利用できる機能が表示される。
❸ **サムネイル**：作成中のスライドのサムネイルが表示されるエリア。
❹ **オブジェクト**：「テキストボックス」「図形」「グラフ」など個別の造形物。
❺ **メニュー**：オブジェクトを右クリックしたり、リボンのボタンを押すと表示されるメニュー一覧。
❻ **作業ウィンドウ**：「図形」「グラフ」などの詳細設定ができるウィンドウ。
❼ **ステータスバー**：スライド表示形式の選択、ズーム調整などができる。

Prologue

プロローグ

プレゼン資料の
大原則

社内プレゼンは「シンプル＆ロジカル」がベスト

Lesson 1

 ## 「わかりやすさ」がプレゼンの命

プレゼン資料はわかりやすくなければなりません。

何を伝えようとしているのか、スッと理解することができないようなプレゼン資料では、誰も真剣に聞いてはくれません。それでは、プレゼンの目的を達成することは不可能です。では、どうすれば、わかりやすいプレゼン資料をつくることができるのでしょうか？

ポイントは、大きく2つあります（図1-1）。

第1に、資料全体をどのような構成で組み立てるかということ。明確なテーマ設定がされているとともに、シンプルなロジックで組み立てられたプレゼン資料でなければなりません。

第2に、1枚1枚のスライドをどのようにつくるかということ。パッと見た瞬間に、何を伝えたいのかが直感的につかめるスライドでなければなりません。長々と文章を記したようなスライドや、複雑なグラフをそのまま貼り付けたようなスライドはNG。相手に考えさせる手間をできるだけかけさせないような、シンプルなスライドをつくる必要があります。

本書は、2つめのポイントである「一瞬で理解できるスライド」を、パワーポイントで最速でつくるノウハウを伝えるものです。第1章以降で、わかりやすいスライドの例を示しながら、そのようなスライドを最速で作成するノウハウを詳しく解説しています。限られたパワポの機能をマスターするだけで、サクサクとスライドをつくることができるようになるはずです。

ただ、そのパワポの技術を最大限に活かすためには、第1のポイントである、プレゼン資料の「全体構成」を適切に組み立てなければなりません。

図 1-1 ▶ 優れたプレゼン資料の2大ポイント

1 シンプル&ロジカルな全体構成

- ワンプレゼン＝ワンテーマ
- わかりやすいロジック展開
- 「根拠＋結論」がワンセット
- 必須の情報 ➡ 本編、補足的な情報 ➡ アペンディックス　など

2 一瞬で理解できるスライド

- キーメッセージは「13文字以内」
- シンプルなグラフ
- 左グラフ、右メッセージ
- 画像は全画面表示　など

　このポイントを疎かにしたままでは、どんなに効率的にパワポでスライドをつくることができても、上司のチェックでつくり直しになったり、プレゼン本番で相手の理解を得られない結果を招いたりするでしょう。

　そこで、ここでは、プレゼンの全体構成について、概要をまとめておきます。『社内プレゼンの資料作成術』『社外プレゼンの資料作成術』で詳しく説明しているので、両書を読まれた方は、第1章から読み始めても構いません。

社内プレゼンは「5～9枚」でまとめる

　まず、「社内プレゼン」の全体構成から説明します。

　社内プレゼンで、第1に意識すべきなのは、「短いプレゼン」にすることです。社内プレゼンの相手である決裁者は忙しいですから、その時間を無駄に奪うことは許されませんし、「長い」だけで決裁者の心証は確実に悪くなります。だから、社内プレゼンは3～5分で終わらせるのが鉄則です。

そのためには、プレゼン資料の本編スライドを５〜９枚に絞りこむことを意識します（図1-2）。プレゼン資料は、プレゼンの"台本"のようなものですから、５〜９枚に絞るだけで確実にプレゼンに要する時間は短くなります。

なお、この５〜９枚には「表紙」「ブリッジ・スライド（本における章扉のようなもの）」「アペンディックス（別添資料）」は含みません。

「ワンプレゼン＝ワンテーマ」が原則

本編スライドが「５〜９枚」のシンプルなプレゼン資料を作成するためには、テーマを絞ることが不可欠です。当たり前のことですが、複数のテーマについて一度にプレゼンをしようとすれば、伝えなければならない情報は増えます。その結果、５〜９枚に収めるのが難しくなるのです。

だから、「ワンプレゼン＝ワンテーマ」が基本です。「あれもこれも」と一度に複数のテーマを扱うよりも、「あれ」と「これ」を小分けにして、「ワン

図 1-2　社内プレゼンは「５〜９枚」でまとめる

プレゼン＝ワンテーマ」のプレゼンをするほうが、「GOサイン」を得られる確率は格段に高いのです。

◉ プレゼンに必要な"たったひとつ"の「ロジック展開」

　プレゼンのテーマを１つに絞ったうえで、シンプルなロジックで「全体構成」を考えます。小難しく考える必要はありません。ビジネス・プレゼンで必要なロジックはたったひとつ。【図1-3】のロジック展開に沿ってプレゼン資料をまとめれば、必ずわかりやすいプレゼンになるのです。

　大切なのは、「１課題」「２原因」「３解決策」「４効果」の４つが、この順番で並んでいること。そして、それぞれが「なぜ？」「だから、どうする？」「すると、どうなる？」という言葉でつながっていること。社内プレゼンは、このロジック展開さえ押さえておけばOKなのです。

　では、具体的なプレゼン資料を見てみましょう（図1-4）。

図 1-3 ▶ ビジネス・プレゼンに必要な「ロジック展開」

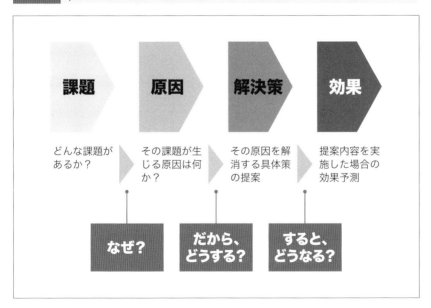

図 1-4 ▷ 社内プレゼン資料の例

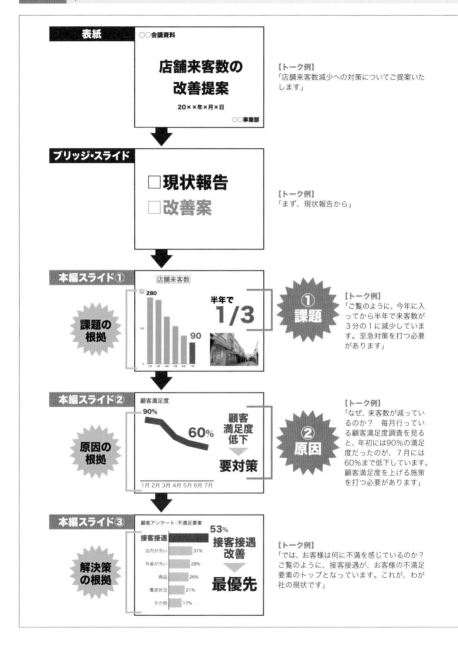

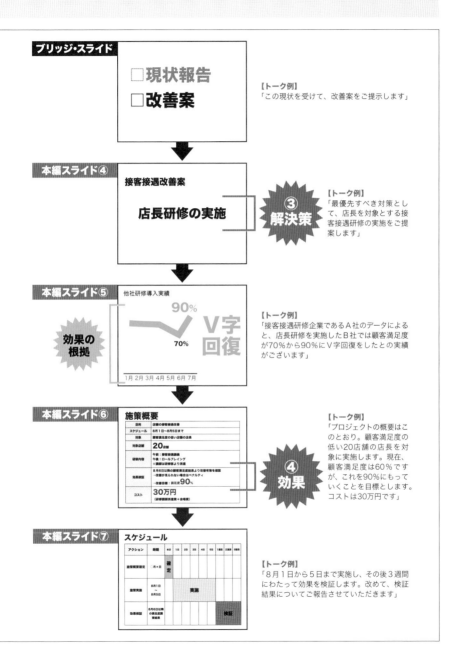

ブリッジ・スライド

□現状報告
□改善案

【トーク例】
「この現状を受けて、改善案をご提示します」

本編スライド④

接客接遇改善案

店長研修の実施

③
解決策

【トーク例】
「最優先すべき対策として、店長を対象とする接客接遇研修の実施をご提案します」

本編スライド⑤

他社研修導入実績

90%

V字
回復

70%

1月 2月 3月 4月 5月 6月 7月

効果の
根拠

【トーク例】
「接客接遇研修企業であるA社のデータによると、店長研修を実施したB社では顧客満足度が70%から90%にV字回復をしたとの実績がございます」

本編スライド⑥

施策概要

目的	店舗の顧客満足向上
スケジュール	8月1日~8月5日まで
対象	顧客満足度の低い店舗の従業
対象店舗	**20店舗**
研修内容	午前：接客接遇講義 午後：ロールプレイング ＊講師は研修後より派遣
効果測定	8月6日以降の顧客満足度調査より改善有無を確認 -改善が見られない場合はペナルティ -改善目標：満足度**90**％
コスト	**30万円** (研修講師派遣費＋合格費)

④
効果

【トーク例】
「プロジェクトの概要はこのとおり。顧客満足度の低い20店舗の店長を対象に実施します。現在、顧客満足度は60%ですが、これを90%にもっていくことを目標とします。コストは30万円です」

本編スライド⑦

スケジュール

アクション	期間	×月×日	1日	2日	3日	4日	5日	1週間	2週間	3週間
施策概要確定	×月×日	確定								
運営実施	8月1日~ 8月5日				実施					
効果検証	8月6日以降 の満足度 実施後									検証

【トーク例】
「8月1日から5日まで実施し、その後3週間にわたって効果を検証します。改めて、検証結果についてご報告させていただきます」

この社内プレゼンは、店舗来客数を改善するために、店長に対する接客接遇研修の実施を提案するものですが、ご覧のように「1 課題→2 原因→3 解決策→4 効果」でロジックを組み立てています。注意すべきなのは、必ず「結論」と「根拠」をワンセットで提示することです。しかも、「根拠」は可能な限りデータで示すことが重要です。

たとえば、この資料では、「課題」の根拠として来客数減少を示すデータを明示しています。このように「結論＋根拠」を徹底することで説得力のあるプレゼン資料になるのです。

キーメッセージは「13文字以内」

また、【図1-4】のスライドをご覧になって、気づいた方がいるかもしれませんが、長々と文章を書いたスライドは1枚もありません。これは、プレゼン資料をつくるうえで、非常に重要なポイントです。

プレゼン資料において、キーメッセージは「読ませるもの」ではなく「見せるもの」です。1字1字読んで、ようやく意味がわかるのではダメ。パッと見た瞬間に、意味がスッと頭に入ってくるようにしなければなりません。

そのためには、どうすればよいか？
方法はただひとつ。文字数を減らすことです。
人間が一度に知覚できる文字数は、少ない人で9文字、多い人で13文字といわれています。瞬間的に文字と意味を同時に把握することができる文字数は13文字が上限。これを超えると、意味をつかみ取るのに「読む努力」が必要になるのです。「Yahoo!」のニューストピックの見出しが13文字が上限になっているのは、これと同じ理由だと思います。だから、タイトルやキーメッセージは必ず13文字以内に収めるようにしてください。

補足的な内容は「アペンディックス」へ

ここまで読んで、こんな疑問をもった方がいらっしゃるかもしれません。

「"抜け漏れ"のない資料をつくろうとすれば、ここまでシンプルな資料にはできないのでは？」

　もっともな疑問だと思います。

　たしかに、私たちは、企画や事業内容を検討する際に、数多くのデータを集めます。検証データに「抜け漏れ」があれば、有効な対策・提案を構築することはできません。しかし、これが複雑なプレゼン資料を生み出す原因ともなってしまうから、要注意です。

　というのは、「抜け漏れ」のないロジカルな資料をつくるために、私たちは、検討過程でかき集めたデータや要素のすべてを盛り込もうとしてしまいがちだからです。しかし、本編資料に「あれもこれも」と要素を盛り込めば、とてもではありませんが「5〜9枚」に収めることはできません。結果として、決裁者にとって非常にわかりづらいプレゼンになってしまうのです。

図 1-5　「補足的な内容」はアペンディックスへ

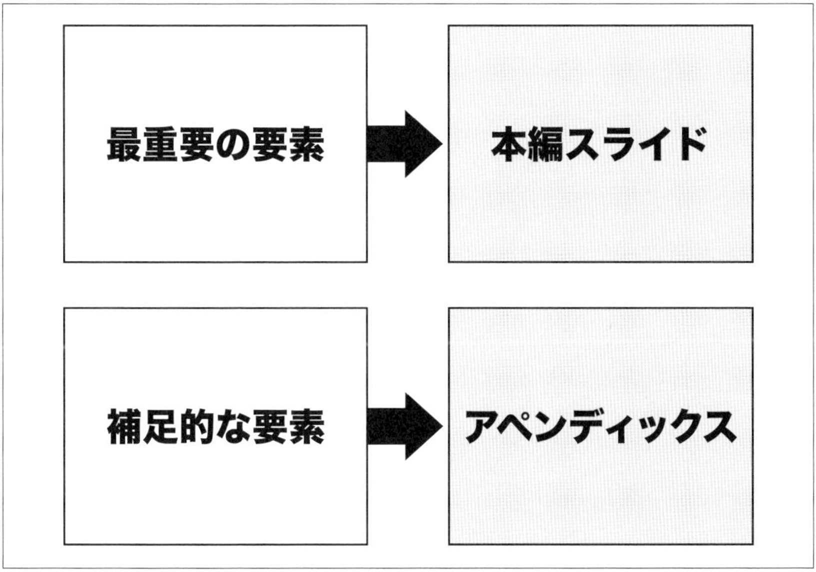

最重要の要素	→	本編スライド
補足的な要素	→	アペンディックス

そこで、本編スライドには最重要の要素だけを盛り込み、補足的な要素はアペンディックス（別添資料）にもっていくようにします（図1-5）。そうすることで、本編スライドを「5〜9枚」のシンプルなものにするとともに、アペンディックスで「抜け漏れ」をなくすことができるのです。重要なのは、何が本質的な情報で、何が補足的な情報かを見極めることなのです。

　そして、プレゼンをする際には本編スライドのみを提示し、聞き手から質問されたときや、プレゼン後のディスカッションで、適宜、必要なアペンディックスを提示しながら説明します。決裁者の納得度を高めるためには、充実したアペンディックスが不可欠ですから、不足のないようにしっかり準備するようにしてください。

社外プレゼンは「感情」を動かす

 相手は聞く「必然性」を感じていない

　社内プレゼンと社外プレゼン（営業や説明会など）では資料作成法は大きく異なります（図2-1）。

　社内プレゼンは利害を共有する身内が対象ですから、相手は「聞く姿勢」をもっていますし、企業理念や問題意識も共有しています。だから、画像やアニメーションは極力使わないシンプルな資料構成で、データ（グラフ）とロジックをしっかりと伝えることが重要です。

図 2-1 ▶「社内プレゼン」と「社外プレゼン」の違い

	社内プレゼン	営業プレゼン
対象者	問題意識・願望を共有する身内	問題意識・願望を共有しない人々
ゴール	決裁	契約・期待・次のアクション
条件	シンプル＋ロジカル	シンプル＋ロジカル＋**感情**
全体構成	課題→原因→解決策→効果	①課題→原因→解決策→効果 ②**共感→信頼→納得→決断**
所要時間	3〜5分	3〜5分
資料枚数	5〜9枚	30〜50枚（1枚につき平均6秒）
テキスト	少なく	きわめて少なく
ビジュアル	少なく	多く
エフェクト・アニメーション	少なく	多く

一方、社外プレゼンの相手は、利害も願望も問題意識も共有していない「第三者」です。だから、相手は、私たちのプレゼンを聞く必要性を感じていません。これが、社外プレゼンの出発点なのです。そのような「第三者」の興味・関心を惹きつけるためには、ロジックのみならず、「感情」を動かすことを強く意識しなければならないのです。

◉「感情」を動かす"たったひとつ"のストーリー

　Lesson 1でお伝えしたように、社内プレゼンは「1課題→2原因→3解決策→4効果」のロジック展開ができてさえいればOKですが、社外プレゼンでは、同様のロジックをベースにしながら、聞き手の「感情」に訴える構成を考える必要があります。
「感情に訴える」といっても、どうしたらいいのかイメージがわかないかもしれませんが、たったひとつの「型」を覚えるだけでOK。それを身につければ、誰でも「感情」を動かす資料をつくることができるようになります。

　その「型」を図示したのが【図2-2】です。
　ここにあるように、「1共感」「2信頼」「3納得」「4決断」という4つのステップを、聞き手にたどってもらえるように全体を構成していきます。
　まず、「そうそう、それで悩んでるんだ」「これは、自分の問題だ」と共感してもらわなければなりません。そして、「この人の話は聞く価値がありそうだ」と信頼してもらえる情報を提示したうえで、「この人の言うとおりにすれば、たしかに問題は解決しそうだ」と納得してもらえる情報を連打します。さらに、「よし、やってみよう」「詳細の商談に入ろう」と決断してもらえるように背中を押すわけです。
　この4つのステップで聞き手の感情を導くことを意識しながら、スライドを構成していけばいいのです。

　抽象的な説明ではピンとこないと思いますので、早速、実例をご覧いただきたいと思います。【図1-3】のロジックを下敷きに、聞き手の感情を動かす

図 2-2 ▶「感情」を動かすストーリー展開

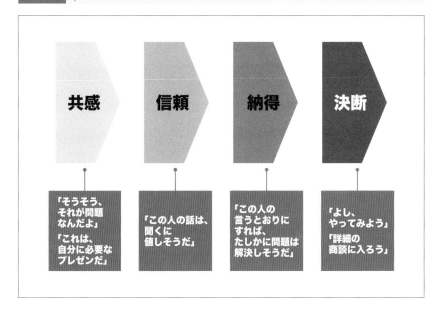

ストーリーを構成したのが【図2-3】のプレゼン資料です。

　この営業プレゼンは、紙カタログによる営業活動をしている会社に、タブレットで商品カタログを提示できる「デジカタ」という商品を売り込むものです。「1 課題→2 原因→3 解決策→4 効果」というロジックに、「1 共感→2 信頼→3 納得→4 決断」というストーリーが重なっていることがおわかりいただけるはずです。

　なお、営業プレゼンも基本的には3〜5分で終わらせるようにしますが、相手の感情に訴えるためには5〜9枚のスライドでは足りません。スライド1枚の表示時間は「平均約6秒間」が適切ですが、3〜5分の営業プレゼンでは本編スライドだけで30〜50枚、説明会では100枚を超えるスライドが必要になるケースもあります。

図 2-3　社外プレゼン資料の例

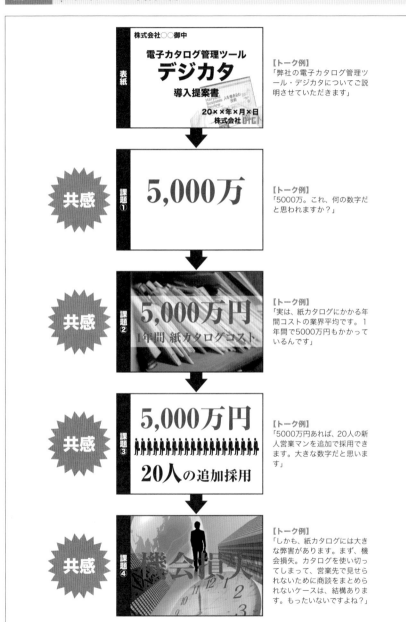

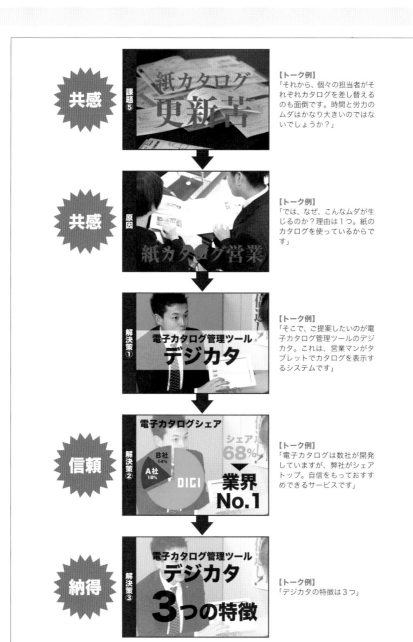

共感

課題⑤

紙カタログ
更新苦

【トーク例】
「それから、個々の担当者がそれぞれカタログを差し替えるのも面倒です。時間と労力のムダはかなり大きいのではないでしょうか？」

共感

原因

紙カタログ営業

【トーク例】
「では、なぜ、こんなムダが生じるのか？理由は１つ。紙のカタログを使っているからです」

解決策①

電子カタログ管理ツール
デジカタ

【トーク例】
「そこで、ご提案したいのが電子カタログ管理ツールのデジカタ。これは、営業マンがタブレットでカタログを表示するシステムです」

信頼

解決策②

電子カタログシェア
B社 14%
A社 18%
DIGI
シェア 68%
業界
No.1

【トーク例】
「電子カタログは数社が開発していますが、弊社がシェアトップ。自信をもっておすすめできるサービスです」

納得

解決策③

電子カタログ管理ツール
デジカタ
3つの特徴

【トーク例】
「デジカタの特徴は３つ」

図 2-3　社外プレゼン資料の例

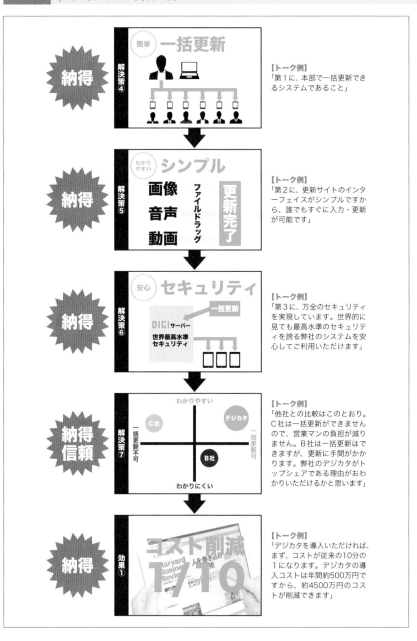

【トーク例】
「第1に、本部で一括更新できるシステムであること」

【トーク例】
「第2に、更新サイトのインターフェイスがシンプルですから、誰でもすぐに入力・更新が可能です」

【トーク例】
「第3に、万全のセキュリティを実現しています。世界的に見ても最高水準のセキュリティを誇る弊社のシステムを安心してご利用いただけます」

【トーク例】
「他社との比較はこのとおり。C社は一括更新ができませんので、営業マンの負担が減りません。B社は一括更新はできますが、更新に手間がかかります。弊社のデジカタがトップシェアである理由がおわかりいただけるかと思います」

【トーク例】
「デジカタを導入いただければ、まず、コストが従来の10分の1になります。デジカタの導入コストは年間約500万円ですから、約4500万円のコストが削減できます」

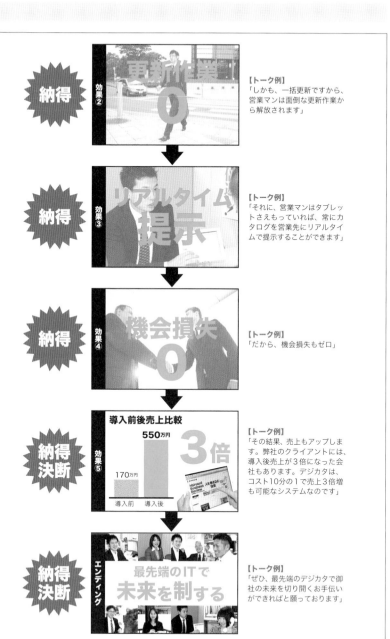

納得　効果②　更新作業0

【トーク例】
「しかも、一括更新ですから、営業マンは面倒な更新作業から解放されます」

納得　効果③　リアルタイム提示

【トーク例】
「それに、営業マンはタブレットさえもっていれば、常にカタログを営業先にリアルタイムで提示することができます」

納得　効果④　機会損失0

【トーク例】
「だから、機会損失もゼロ」

納得・決断　効果⑤　導入前後売上比較　550万円　3倍　170万円　導入前　導入後

【トーク例】
「その結果、売上もアップします。弊社のクライアントには、導入後売上が3倍になった会社もあります。デジカタは、コスト10分の1で売上3倍増も可能なシステムなのです」

納得・決断　エンディング　最先端のITで未来を制する

【トーク例】
「ぜひ、最先端のデジカタで御社の未来を切り開くお手伝いができればと願っております」

また、【図2-3】のスライドを見てお気づきだと思いますが、社外プレゼンでは、「画像」を多用するほか、紙面では伝わりませんが、随所にアニメーションを施しています。相手の「感情」「直感」を刺激するためには、「画像」「アニメーション」がきわめて重要だからです。「画像スライド」のつくり方は第4章で、「アニメーション」の設定方法は第5章で、詳しく説明していますので、ぜひ参考にしてください。

第1章

パワーポイントの「超」基本

「スライド・サイズ」を設定する

状況に合わせて、「4:3」か「16:9」を選択する

　プレゼン資料を作成するときには、まずスライド・サイズを設定する必要があります。パワーポイントでは、「16:9」のスライド・サイズがデフォルト設定されていますが、必要に応じて「4:3」に変更するようにしてください（本書では、「4:3」でスライドを作成しています）。

「16:9」と「4:3」のどちらを選択すべきか？
　これは、よく質問されることですが、「シチュエーションによって決まる」と答えるほかありません。プレゼン資料は、できるだけ大きなサイズでスライドを表示するほうが効果的なので、モニターの仕様上可能であれば「16:9」を選択するほうがよいでしょう。また、パソコンやタブレットも「16:9」のほうが画面いっぱいに表示できます。
　ただ、プレゼン資料をプリントアウトして使用する可能性がある場合（社内プレゼンや営業プレゼンに多いと言えます）には、印刷サイズにフィットする「4:3」を選択したほうがよいでしょう。また、社内ルールなどで「4:3」と決まっている場合には、それに従うのは当然のことです。

　なお、パワーポイントでは「4:3」「16:9」以外にも、任意のサイズを設定することができますが、一般的なプレゼン資料では、その機能を活用する必要はないと思います。

　スライド・サイズの選択の手順は簡単です。まず、「デザイン」タブを選択したうえで、リボンの「スライドのサイズ」をクリックします。表示されるメニューで、「4:3」か「16:9」を選択すれば完了です（図3-1）。

図 3-1 「スライド・サイズ」を変更する方法

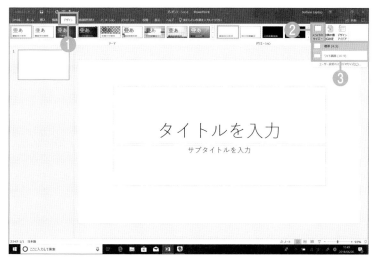

［❶デザイン＞❷スライドのサイズ］で表示される❸のメニューで「4:3」or
「16:9」を選択する。

初期設定の「テキストボックス」は消去する

　次に、私は、初期設定されている「テキストボックス」（「タイトルを入力」
「サブタイトルを入力」と表示されているボックス）はすべて消去します。と
いうのは、【図3-2】のように、「タイトルを入力」と表示されているテキス
トボックスは、行設定が「左右中央揃え」「下揃え」になっているため、非常
に使い勝手が悪いからです。それよりも、自分でテキストボックスを新たに
立ち上げて、入力をしたほうがスムースに作業を進められます。

　初期設定のテキストボックスを消去するには、ショートカットキー［Ctrl
＋A］で全選択したうえで消去（delete）します。あるいは、マウスの「左
ボタン」を押しながらカーソルを移動（ドラッグ）させて、2つのテキスト
ボックスを選択したうえで消去してもいいでしょう。

図 3-2　　初期設定の「テキストボックス」は使いにくい

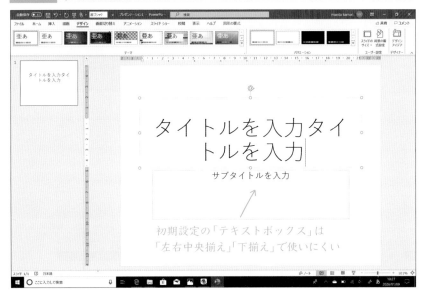

　また、パワーポイントの「デザイン」タブでは、さまざまな背景デザイン
を選択できるようになっていますが、ビジネス・プレゼンでは「ノイズ」に
なるだけですので、この機能は基本的に使わないほうがよいでしょう。
　ビジネス・プレゼンは「見やすく」「わかりやすい」ことが最も大切ですか
ら、白地のスライドに情報をできるだけ大きく表示することを最優先にして
ください。

「スライド番号」を設定する

スライド番号は「スライドの右下」に置く

　スライド番号は地味な存在ですが、社内プレゼンや営業プレゼンなど、相手とディスカッションを行う可能性のあるプレゼンでは重要な役割を果たします。たとえば、相手が「3ページの内容について確認したい」と言えば、すぐにそのスライドを表示することができるからです。ですから、パワーポイントを立ち上げたら、真っ先に設定するクセをつけるようにしてください。

　スライド番号を挿入する場所はスライドの右下です（図4-1）。

図 4-1 ▷ **スライド番号はスライドの右下に置く**

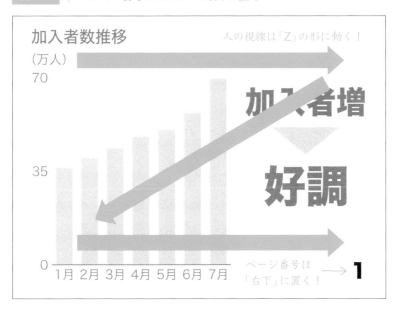

何かを目にしたとき、その全体を把握するために、人の目はZの形に動きます（私はこれを「Zの法則」と呼んでいます）。ウェブページでも、書店の棚でも、無意識に左上から右に、そして左下から右へと目線を動かします。そのため、スライドの右下のスペースは、目線が最後に行きつく場所なので、そこにスライド番号があっても、見る人の邪魔にならないのです。

「スライド番号」を設定する方法

　スライド番号を設定する方法は、次のとおり。

　まず、「挿入」タブの「スライド番号」を選択します。そして、［ヘッダーとフッター＞スライド］ウィンドウの「スライド番号」と「タイトルスライドに表示しない」にチェックを入れて、「すべてに適用」を選択すれば完了です（図4-2）。

　なお、「タイトルスライド」とは表紙のことで、表紙にスライド番号を入れ

図 4-2 ❖ スライド番号を設定する方法

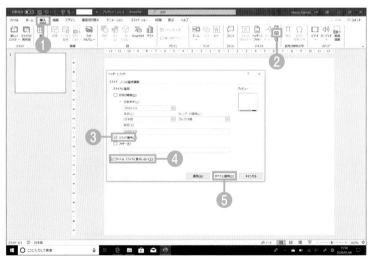

［❶挿入＞❷スライド番号］を選択。［❸スライド番号］［❹タイトルスライドに表示しない］にチェックを入れる。［❺すべてに適用］をクリック。

るとノイズになるので、「タイトルスライドに表示しない」を選択します。

　ただし、「タイトルスライドに表示しない」を選択しても、タイトルスライドを「1ページ」として勘定する設定となっています（タイトルスライドの次のページのスライド番号が「2」となる）。2ページ目のスライド番号を「1」にしたい場合には、［デザイン＞スライドのサイズ＞スライドの開始番号］を「1→0」に変更します。

　もうひとつ注意していただきたいのは、「タイトルスライドに表示しない」を選択したうえで、1枚目のスライドをコピーアンドペースト（コピペ）して、2枚目以降のスライドを作成すると、これらのスライドにもスライド番号が反映されないことです。ですので、2枚目は「新しいスライド」を挿入するようにしてください（それ以降は2枚目のコピペでOKです）。

　また、本文スライドでも、写真を全画面で使うスライドなどにおいては、スライド番号がノイズになりますので、個別にカットしていくとよいでしょう。スライド番号のボックスを選択して消去するだけですから、たいした手間はかかりません。

　なお、Lesson 5で詳しく説明しますが、テキストのフォントは「HGP創英角ゴシックUB」が最も見やすいため、デフォルトで設定されているスライド番号のフォントである「游ゴシック」を変更することをおすすめします（フォントの変更方法は【図5-2】を参照）。また、スライド番号のフォントサイズを大きくしてもいいでしょう（フォントサイズの変更方法は【図6-1】参照）。

「テキスト」を入力する

「使用するフォント」はこれに決める

プレゼン資料で使用するフォントは、「目に入りやすく」「誰でも読める」ものであることが重要です。どんなに魅力的なメッセージが書いてあっても、読めなければ意味がないからです。そこで、私がおすすめしているのは、次のフォントです。

〈キーメッセージに最適のフォント〉
●HGP創英角ゴシックUB
●メイリオ
〈キーメッセージ以外に最適のフォント〉
●MSPゴシック

キーメッセージは、1枚のスライドにおいていちばん訴えたい部分なので、最も視認性に優れた「HGP創英角ゴシックUB」がベストの選択です。私は、あらゆるフォントでプレゼン資料をつくってモニターに映してきましたが、このフォントは行間も文字間隔も詰まりすぎず空きすぎず、キーメッセージとして使用するにはちょうどいいバランスなのです（本書では、キーメッセージ以外も基本的に「HGP創英角ゴシックUB」を使用しています）。

また、パワーポイントとキーノートを併用する人も増えていますので、その場合には、双方のソフトで互換性のある「メイリオ」をキーメッセージに使うのもおすすめです。

一方、キーメッセージ以外のテキストで、キーメッセージとの違いを明確にしたいときに使い勝手がいいのが、「MSPゴシック」です。視認性が高い

うえに、「HGP創英角ゴシックUB」よりも線が細いフォントなので、キーメッセージとの差異が明確になるからです。

「テキストボックス」を立ち上げる

では、早速、テキストを入力してみましょう。

まず、テキストボックスを立ち上げます。「挿入」タブの「テキストボックス」をクリック。「横書きテキストボックス」か「縦書きテキストボックス」を選択します（図5-1）。

そのうえで、スライド上の任意の位置で左クリックを押すと、テキストボックスが表示されます。そのボックスに、テキストを入力すればいいのですが、パワーポイントでは「游ゴシック」がデフォルトで設定されていますので、「HGP創英角ゴシックUB」に変更する必要があります。

図 5-1 ⋮ 「テキストボックス」を立ち上げる方法

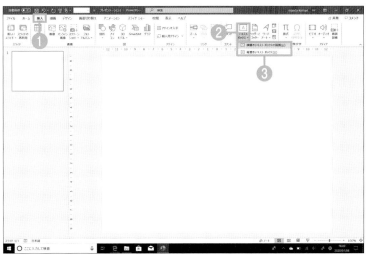

[①挿入＞②テキストボックス]を開く。[③横書き or 縦書き]を選択。

⚙ 「フォント」を変更する

「フォント」を変更するには、【図5-2】のように、テキストボックスを選択したうえで、「ホーム」タブの「フォント」をクリック。表示されるメニューの中から、「HGP創英角ゴシックUB」を選択すれば完了です。

なお、プレゼン資料を作成するときには、英数字はすべて半角を使うようにしてください。全角英数字が並ぶと、横に間延びした印象を与えるからです。また、全角と半角が交じっていると、英数字の不揃いが目立つため、スライドの見た目が悪くなるうえに、資料の完成度が低く見えてしまいます。そのような印象を与えないためにも、「英数字は半角」を徹底するとよいでしょう。

図 5-2 ⚙「フォント」を変更する方法

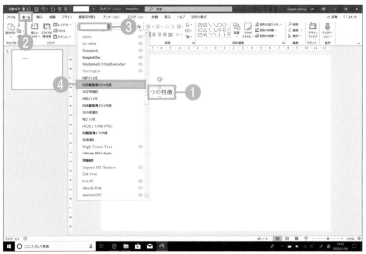

❶テキストボックスを選択。【❷ホーム＞❸フォント】をクリック。❹で「HGP創英角ゴシックUB」を選択。

「フォントサイズ」を調整する

 キーメッセージのフォントサイズは「50〜200」

　プレゼン資料は「読ませる」ものではなく、「見せる」ものです。だから、小さなフォントでゴチャゴチャと書くのではなく、見た瞬間に意味が伝わるように、大きなフォントでシンプルにまとめるように心がけてください。

　そして、キーメッセージのフォントサイズは「50〜200」を使います。50未満だとインパクトに欠け、200を超えると「やりすぎ」になるので、「50〜200」の範囲でフォントを選択するとよいでしょう。

　フォントサイズを調整する方法は簡単。【図6-1】のように、テキストボッ

図 6-1 「フォントサイズ」を調整する方法

❶テキストボックスを選択。[❷ホーム＞❸フォントサイズ]を開く。❹で「フォントサイズ」を選択。❺の[フォントサイズ拡大or縮小]でも調整可。

クスを選択して、「ホーム」タブの「フォントサイズ」をクリック。表示されるメニューのなかからフォントサイズを選択します。あるいは、「ホーム」タブの「フォントサイズの拡大」「フォントサイズの縮小」をクリックして調整することもできます。

「テキストの一部」だけフォントサイズを変える

ただ、この方法では、テキストボックス内のすべての文字のフォントサイズが調整されてしまいます。テキストの一部だけを調整したい場合は、【図6-2】の①のように「調整したい文字」だけを選択して、上記と同じ方法でフォントサイズを調整してください（【図6-2】の②のように調整できます）。

文字を選択するには、ドラッグする方法もありますし、ショートカットキー［Shift ＋ ◀］［Shift ＋ ▶］で行う方法もあります。後者の場合には、【図

図 6-2　一部の文字の「フォントサイズ」を調整する方法

6-2】の③の場所にカーソルを置いたうえで、［Shift］を押しながら［▶］を4回押すと、【図6-2】の④のように選択することができます。もちろん、同じカーソルの位置から［Shift］を押しながら［◀］を1回押すと「3」のみが選択されます。

⊛「文字選択」の初期設定を変える

ただ、これらの方法で文字選択をしようとすると、必要ない部分まで勝手に選択されることがあります。これは、パワーポイントが「文字列の選択時に、単語単位で選択する」ように初期設定されているためです。たとえば、「3つ」の「つ」だけを選択しようとすると、「3つ」を1つの単語と認識して、自動的に「3つ」を選択するようになっているのです。

そこで、次の手順で、この設定を変更しておくことをおすすめします。

〈「文字選択」の初期設定を変える手順〉
手順① **新規にパワーポイントを立ち上げて、［ファイル＞オプション］を選択して（図6-3）、「PowerPointのオプション」ウィンドウを表示する。**
手順② **［PowerPointのオプション＞詳細設定＞文字列の選択時に、単語単位で選択する］のチェックを外す（図6-4）。**

⊛「フォント比率一定」のまま拡大縮小する

もうひとつ覚えておいていただきたい機能があります。
【図6-2】の②のように、「3」だけフォントが大きくて、それ以外の文字のフォントは小さいときに、このフォント比率のままテキスト全体を拡大縮小したいことがあります。

図 6-3 「文字選択」の初期設定を変える①

手順①

新規にパワーポイントを立ち上げて、［ファイル＞❶オプション］を選択。

図 6-4 「文字選択」の初期設定を変える②

手順②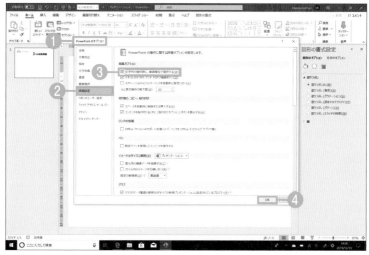

［❶PowerPointのオプション＞❷詳細設定＞❸文字列の選択時に、単語単位で選択する］のチェックを外して、［❹OK］をクリック。

図 6-5 ❖ 「フォント比率一定」のまま拡大縮小する方法

❶テキストボックスを選択。[❷ホーム>❸フォントサイズの拡大 or フォントサイズの縮小]でフォントサイズを調整。

　その場合には、【図6-5】のように、テキストボックスを選択したうえで、[ホーム>フォントサイズの拡大・縮小]で調整してください。「フォント比率一定」のまま拡大縮小することができるので、たいへん便利です。

　なお、テキストボックスを選択したうえで、[ホーム>フォントサイズ]でサイズを指定してしまうと、すべての文字が同じサイズで統一されてしまいますので、ご注意ください。

「フォントカラー」を指定する

 「ポジティブ＝青」「ネガティブ＝赤」

　プレゼン資料は、「カラー」を上手に使うことで、効果に格段の差が生まれます。黒一色で表現するよりも、重要な部分にカラーを使うことで、見る人の注意を喚起することができるからです。

　ただし、この効果を最大化するためには、あまり多くの色数を使わないことが大切です。色数が多いと、逆に「何を伝えたいのか」がわかりにくくなるうえに、目がチカチカして"見る気"が失せてしまいます。

　ですから、できるだけ色数は絞って、「ここがポイント！」という部分だけをカラーにするのが基本です。もちろん、色数を増やさざるをえないスライドもありますが、その場合でも、1枚のスライドで3色を上限にするように心がけるとよいでしょう。

　もうひとつ、重要なポイントがあります。
「売上増」「経費削減」などポジティブなメッセージは青、「売上減」「経費増」などネガティブなメッセージは赤に統一することで、わかりやすいプレゼンにすることができるのです（図7-1）。

〈カラーの法則〉
●ポジティブ・メッセージは「青」
●ネガティブ・メッセージは「赤」

　これは、国際的に通用するルールです。世界中の信号が「青＝進め」「赤＝止まれ」で統一されているように、青は「良好、順調、安全」のシグナルで

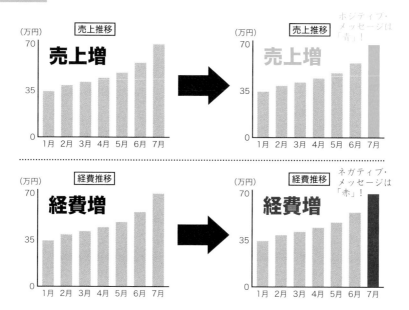

図 7-1 ポジティブ・メッセージは「青」、ネガティブ・メッセージは「赤」

あり、赤は「不良、不安、危険」のシグナルとして使われています。そのため、このルールに従ってスライドをつくれば、見る人は無意識的に「このスライドはポジティブなメッセージを伝えようとしている」「このスライドはネガティブなメッセージを伝えようとしている」と感じるので、より早くスライドの意図を読み取ってくれるのです。

「フォントカラー」を指定する

「フォントカラー」を指定する方法は簡単。まず、テキストボックスのすべての文字のカラーを変える場合には、【図7-2】のように、テキストボックスを選択したうえで、［ホーム＞フォントの色］をクリックします。表示されるメニューからカラーを選べば、すべての文字のカラーが切り替わります。

　テキストボックス内の一部の文字のカラーを変更する場合には、【図7-3】のように、変更したい文字を選択したうえで、これと同じ操作をします。

図 7-2 テキストボックスの「フォントカラー」を指定する方法

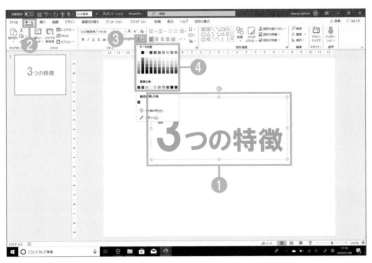

❶テキストボックスを選択。[❷ホーム＞❸フォントの色]を開く。❹でカラーを選択。

図 7-3 「一部の文字」のカラーを変更する方法

❶文字を選択する。[❷ホーム＞❸フォントの色]を開く。❹でカラーを選択。

鮮明な「青」「赤」をオリジナルで設定する

　ちなみに、私は、モニターに投影されたときに鮮やかに映える青と赤を、オリジナルで作成して使用しています。設定手順は以下のとおり。なお、一度設定したら、「最近使用した色」に両色が表示されますが、新規で立ち上げたパワポには反映されません。両色をデフォルト設定にする方法はColumn 3 を参照してください。

〈オリジナルの「青」「赤」を設定する手順〉
　手順① **カラーを塗りたい箇所を選択したうえで、[ホーム>フォントの色>その他の色] をクリック（図7-4）。**
　手順② **青は、[色の設定>ユーザー設定>カラーモデル> RGB」を [赤0 緑0 青255] に設定して「OK」をクリック（図7-5）。**
　手順③ **赤は、[赤255 緑0 青0] で「OK」（図7-6）。**

図 7-4　　オリジナルカラーを設定する方法

手順①

❶カラーを塗りたい部分を選択。[❷ホーム>❸フォントの色>❹その他の色] を選択。

図 7-5 オリジナルの「青」をつくる方法

手順②

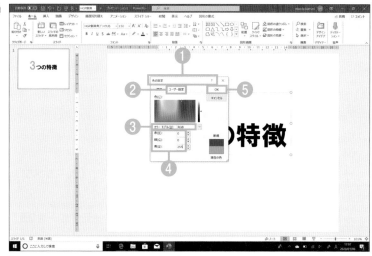

[❶色の設定 > ❷ユーザー設定]で[❸カラーモデル > RGB]を選択し、[❹赤0 緑0 青255]に設定して[❺OK]をクリック。

図 7-6 オリジナルの「赤」をつくる方法

手順③

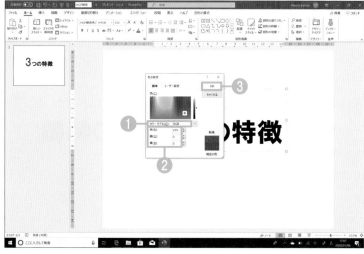

[❶カラーモデル > RGB]を[❷赤255 緑0 青0]に設定して[❸OK]をクリック。

「スポイト」でカラーをコピーする

また、【図7-7】のスライドで、キーメッセージのフォントカラーと、書籍カバーのカラーを合わせたい場合には、「スポイト」という機能を使います。コーポレート・カラーを使用したいときなどに重宝する機能です。手順は、以下のとおりです。

〈[スポイト]を使用する手順〉
手順① **カラーを塗りたい箇所を選択する（図7-7）。**
手順② **[ホーム>フォントの色>スポイト] をクリックする（図7-8）。**
手順③ **コピーしたいカラーに「スポイト」を合わせてクリックすると、スポイトが吸い取った色になる（図7-9）。**

図 7-7 「スポイト」を使う方法①

手順①

❶カラーを塗りたい箇所を選択する。

「スポイト」を使う方法②

手順②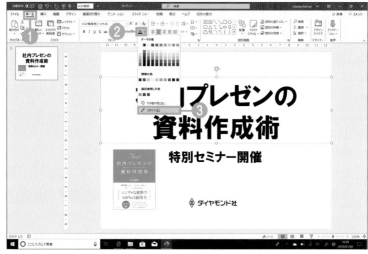

[❶ホーム>❷フォントの色>❸スポイト]をクリック。

「スポイト」を使う方法③

手順③

❶使用したいカラーに「スポイト」を合わせてクリックすると、スポイトが吸い取った色になる。

Lesson 8 「テキストボックス」を移動する

「ルーラー」で位置関係を把握する

テキストボックスが完成したら、スライドの適切な場所に配置する必要があります。それには、テキストボックスを選択したままドラッグすればいいのですが、「ちゃんと左右中央に置けているか?」などと位置関係が気になりますよね?

そこで、私がおすすめしているのが「ルーラー」の設定です。ルーラーとは、【図8-1】の青の四角で囲っている部分のことで、中央を「0」に設定したメジャー(目盛り)です。これで上下左右の「位置関係」を把握しながら

図 8-1 「ルーラー」を設定する方法

[①表示 > ②ルーラー]をチェックする。

テキストボックスの位置を調整すると便利です。「ルーラー」を設定するには、「表示」タブを開いて、「ルーラー」にチェックを入れます（図8-1）。

● 「スマートガイド」を目安に配置を決める

　ルーラーの設定が終わったら、実際にテキストボックスを動かしてみましょう。

　動かしてみると、「スマートガイド」（赤い点線）が表示されるポイントがあります。【図8-2】のようにスマートガイドが表示されたときは、テキストボックスがスライドの "ど真ん中" に位置していることがわかります。

　ただし、スマートガイドは、テキストボックスに対応して表示されるため、【図8-2】のように「３」だけ大きなフォントを使っているときには、文字列が上下中央に置かれないことになります。そこで、ルーラーの目盛りと照らし合わせながら、目測で配置場所のバランスを調整するわけです。

図 8-2　「スマートガイド」を目安に配置を決定する

◉「キーメッセージ」は"やや上"に置く

ここで1点、重要なポイントがあります。

キーメッセージは、必ず、スライド中央より"やや上"に配置するようにしてください。

なぜなら、プレゼンの相手は、スライドを映すモニターを、座った状態で見上げることが多いからです。その角度でスライドを見る場合、キーメッセージが中央かそれより下に配置されていると、とても窮屈な印象を受けます。また、キーメッセージを"やや上"に置くと、前の人の頭が邪魔になってキーメッセージが読めなくなるというリスクも低減できます。

そこで、【図8-3】のように、テキストボックスの下の辺が上下中央に位置しているポイントに配置するなど、スマートガイドを参照しながら"やや上"に配置するようにします（"やや上"であれば、スマートガイドが消える位置

図 8-3 ◉「キーメッセージ」は"やや上"に置く

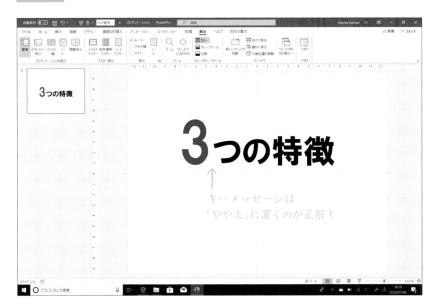

でも OK です)。

 ## テキストを「左右中央」に配置する

　テキストをスライドの左右中央に置くには、いくつかの方法があります。

　まず、【図8-4】のように文字列の横幅とテキストボックスのサイズを一致させたうえで、スマートガイドを参考に左右中央に置く方法があります。

　あるいは、【図8-5】のように、テキストボックスをスライドの左右いっぱいに広げたうえで、文字を「中央揃え」にする方法もあります。どちらでも、やりやすい方法を選択すればよいでしょう。

　ただし、テキストボックス内に複数のフォントサイズがある場合には、これらの方法で綺麗に左右中央に配置できない場合もあります。そのような場合には、ルーラーを参照しながら目測でバランスのよい場所に置くとよいでしょう。

図 8-4　🔅 テキストを「左右中央」に置く方法①

❶文字列の横幅とテキストボックスのサイズを合わせたうえで、スマートガイドを参考に「左右中央」に置く。

図 8-5 テキストを「左右中央」に置く方法②

❶テキストボックスをスライド左右いっぱいに広げる。[❷ホーム>❸中央揃え]を選択。

2行のテキストをバランスよく配置する

　また、【図8-6】の①のようにテキストが2行になる場合には、長い方の行の文字列の横幅とテキストボックスのサイズを一致させ、2行目の文字を「中央揃え」にしたうえで、スマートガイドを参考に左右中央に置きます。あるいは、テキストボックスをスライド左右いっぱいに広げて、文字を「中央揃え」にしてもOKです。

　ただし、【図8-6】の②のように、一部の文字を大きなフォントにした場合などは、行間が開きすぎて見た目が悪くなります。このような場合には、【図8-6】の③のように、1行ずつテキストボックスを作成して、バランスよく配置するとよいでしょう。

図 8-6 2行のテキストをバランスよく配置する方法

❶ 1つのボックスで綺麗に配置できる

❷ 1つのボックスでは見栄えが悪い

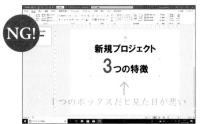

❸ 2つのボックスを配置する

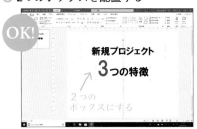

すべて同じフォントサイズの場合は、❶の方法でOK。複数のフォントサイズの場合は、2つのボックスに分けて、❸のように配置する。

「箇条書きスライド」をつくる

 テキストボックスはできるだけ「コピペ」する

Lesson 5 ～ 8 で、テキストボックスの操作法を学んできましたので、その基本を踏まえながら、ここからは、複数のテキストボックスを使用するスライドをつくってみましょう。

プレゼン資料でよく使われるのが、【図9-1】のような「箇条書きスライド」です。これは、ある商品の「3つの特徴」を箇条書きで列挙しているものですが、「3」という数字と、「簡単」「軽さ」「安全」という3つのキーワードが青で強調されているので、非常に理解しやすいスライドになっています。こ

図 9-1 「箇条書きスライド」の例

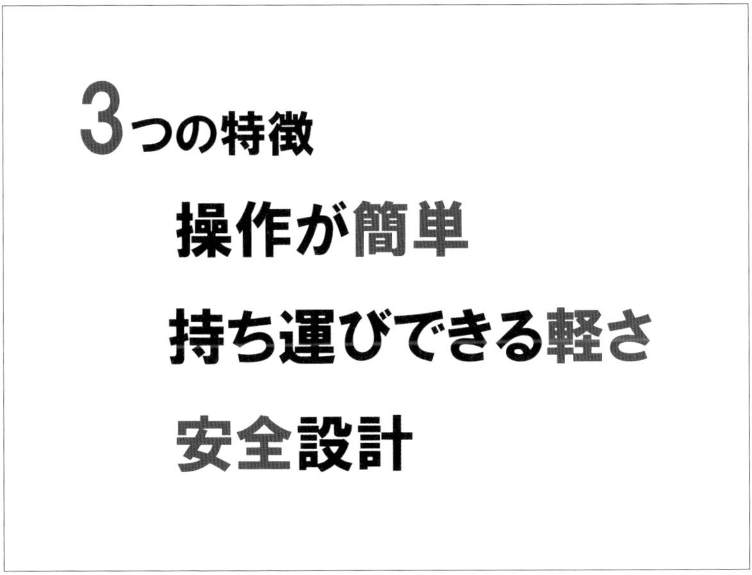

3つの特徴

　操作が簡単

　持ち運びできる軽さ

　安全設計

のスライドを効率的に作成する手順を説明します。

「箇条書きスライド」を効率的につくる第1のポイントは、テキストボックスをコピペして使い回すことです。3つの箇条書きをつくる場合に、3つのテキストボックスを一からつくるのではなく、次の手順のように、1つのテキストボックスをコピペしたほうが効率的です。

〈「箇条書きスライド」をつくる手順〉

手順① テキストボックスに「操作が簡単」というテキストを入力して、フォントを「HGP創英角ゴシックUB」に変更（図9-2）。

手順② テキストボックスを選択したうえで、[Ctrl＋C]でコピー。[Ctrl＋V]で2つのテキストボックスを複製する（図9-3）。

手順③ 適当で構わないので、3つのテキストボックスを並べる（図9-4）。

図 9-2 1つの「テキストボックス」を作成する

手順①

❶文字を入力したテキストボックスを選択。[❷ホーム＞❸フォント]で「HGP創英角ゴシックUB」に変更。

図 9-3 ┊ 「テキストボックス」をコピペする

手順②

❶作成したテキストボックスを選択したうえで、[Ctrl + C]でコピー。[Ctrl + V]で2つのボックスを複製する([Ctrl]を押しながら、[V]を2回押す)。

図 9-4 ┊ 3つの「テキストボックス」を適当に並べる

手順③

❶3つのテキストボックスを適当に並べる。

「複数のテキストボックス」のフォントサイズを一括変換

3つのテキストボックスを適当に並べたら、複製したテキストボックスを書き換えるとともに、フォントカラーを変更します。そのうえで、すべてのテキストボックスを選択して、まとめてフォントサイズを拡大。最後に、完成したテキストボックスを綺麗に配置すれば完成です。

〈「箇条書きスライド」をつくる手順〉

手順④ テキストボックスを書き換えるとともに、フォントカラーを変更。さらに、ドラッグして、3つのテキストボックスを選択する（図9-5）。

手順⑤ ［ホーム＞フォントサイズの拡大］で、すべてのテキストボックスのフォントを拡大（図9-6）。

手順⑥ 3つのテキストボックスを綺麗に配置する（図9-7）。

図9-5　修正した3つの「テキストボックス」を選択

手順④

❶修正した3つのテキストボックスをドラッグで選択する。［Ctrl＋左クリック］で1つずつ選択してもOK。

図 9-6 　一度に「フォントサイズ」を拡大する

手順⑤

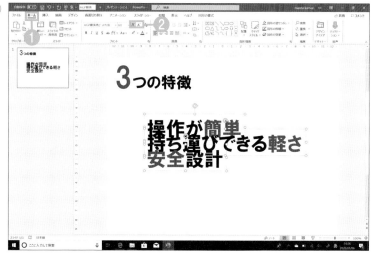

3つのテキストボックスを選択した状態で、[❶ホーム>❷フォントサイズの拡大]でフォントサイズを調整する。

図 9-7 　テキストボックスを綺麗に並べる

手順⑥

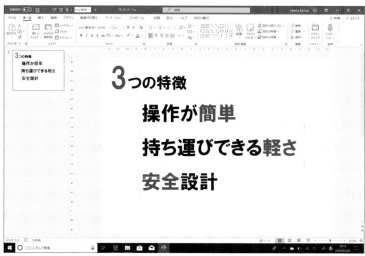

スマートガイドを参照しながら、テキストボックスを綺麗に並べる。「配置」を使っても可（Lesson15で詳述）。

「ブリッジ・スライド」をつくる

 重宝する「グレーアウト」という手法

「グレーアウト」という手法があります。

テキスト、グラフ、画像などの一部をグレー（モノクロ）にすることによって、それ以外の部分を際立たせるもので、効果的なスライドをつくるうえで非常に重宝する手法です。ここでは、「ブリッジ・スライド」を例に、テキストの一部をグレーアウトする方法について説明します。

ブリッジ・スライドとは、【図10-1】のように、プレゼン全体の「大きな流れ」を示すととともに、「これから、何の話をするのか」を明確にするもの

図 10-1 ▶ 「ブリッジ・スライド」の例

❶ プレゼン冒頭で示す

> アジェンダ
>
> **1.現状報告**
> **2.解決策**
> **3.スケジュール**
> **4.確認事項**

❷ 「現状報告」に入る前に示す

> アジェンダ
>
> **1.現状報告**
> 2.解決策
> 3.スケジュール
> 4.確認事項

❸ 「解決策」に入る前に示す

> アジェンダ
>
> 1.現状報告
> **2.解決策**
> 3.スケジュール
> 4.確認事項

トークのイメージ

プレゼンの冒頭で①を示しながら、「本日は、次のアジェンダについてお話しします」。②を示しながら、「これから現状報告をいたします」。③を示しながら、「次に解決策をご説明します」などと話す。

ですが、ご覧のとおり、「1.現状報告」「2.解決策」以外のテキストをグレーアウトすることで、よりわかりやすいスライドにすることができます。

必要枚数分のスライドを「コピペ」する

「ブリッジ・スライド」の作成手順は次のとおりです。

〈「ブリッジ・スライド」をつくる手順〉
　手順① **もととなるスライドを作成し、左側の「サムネイル」で必要枚数分をコピペする（図10-2）。**
　手順② **2枚目のスライドを選択して、グレーアウトしたい文字を選択したうえで、[ホーム>フォントの色] で「グレー」に変換（図10-3）。**
　手順③ **同じ要領で、他のスライドもグレーアウトする（図10-4）。**

図 10-2 もととなるスライドをコピペする

手順①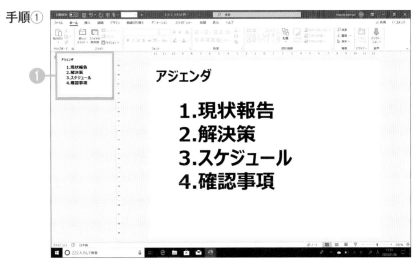

❶「サムネイル」でスライドを [Ctrl＋C] でコピー。[Ctrl＋V] で4枚のスライドを複製。

図 10-3 文字を選択したうえで、グレーに変換

手順②

❶「サムネイル」で2枚目のスライドを選択。❷グレーアウトする文字を選択。[❸ホーム>❹フォントの色]をクリック。❺でグレーを選択する。

図 10-4 同じ要領で、他のスライドも「グレーアウト」する

手順③

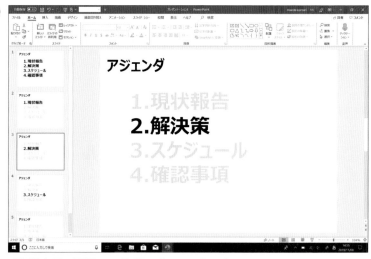

手順②と同じ要領で、1枚ずつグレーアウトする。

Lesson 11

「白抜き文字スライド」をつくる

ネガティブ・スライドは「黒地＋白抜き文字」が効果的

　社外プレゼンのスライドでは「白抜き文字」が重宝しますので、そのつくり方をご紹介しましょう。

　まず、【図11-1】の３つのスライドを見比べてください。これは、ある業界で起業希望者の「９割」が起業を断念するというネガティブ情報を伝えるものですが、①より②③のほうが「危機感」などのネガティブな感情を刺激するのは明らかでしょう。

　ポイントは２つあります。まず、フォントです。Lesson 5で、キーメッセ

図 11-1 ❖ ネガティブ・スライドは「黒地＋白抜き文字」「黒地＋赤字」

❶「白地＋黒字（ゴシック）」　　　　　❷「黒地＋白抜き文字（明朝）」

❸「黒地＋赤字（明朝）」

ネガティブスライドは、
「黒地＋白抜き文字」か
「黒地＋赤字」がよい。

ージは「HGP創英角ゴシックUB」を使用することをおすすめしましたが、このようなネガティブ・スライドの場合には、明朝体のほうがしっくりくるケースが多いので、適宜、明朝体のフォントを使うようにしてください。

　次に、カラーです。ネガティブ・スライドの場合には、①のように、「白地＋黒字」で見せるよりも、②のように「黒地＋白抜き文字」で見せるか、③のように「黒地＋赤字」で見せるほうがフィットします。ただし、「黒地＋赤字」は"ホラー映画"のポスターのようで、かなり「怖い印象」になりますので、あまり多用するのは避けたほうがよいでしょう。

「背景＝黒」「フォント＝白」に設定する

　では、【図11-1】の①を②に修正する手順を説明しましょう。
　やることはシンプルです。スライドの背景部分を白から黒に変えるとともに、テキストボックス内のフォントカラーを白に変えるだけです。なお、フォントカラーを赤にすれば、「黒地＋赤字」のスライドになります。

〈「白抜き文字スライド」をつくる手順〉
手順① 背景部分を選択して、右クリックすると表示されるメニューで「背景の書式設定」を選択する（図11-2）。
手順② 「背景の書式設定」の作業ウィンドウの「塗りつぶし（単色）」をチェックしたうえで、「色」をクリック。表示されるメニューのなかから黒を選択（図11-3）。画面が真っ黒になる。
手順③ テキストボックスを選択して、［ホーム＞フォント］で「HGP明朝E」にフォントを変更するとともに、［ホーム＞フォントの色］で白を選択（図11-4）。
手順④ 「白抜き文字スライド」の完成（図11-5）。

図 11-2 「背景の書式設定」をクリックする

手順①

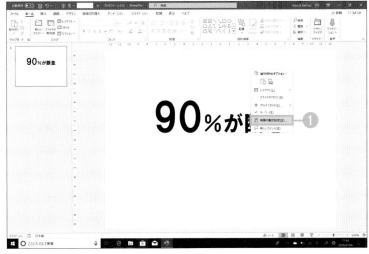

背景を選択したうえで右クリックして、[❶背景の書式設定]を選択する。

図 11-3 「塗りつぶし(単色)」をチェックし、黒を選択

手順②

[❶背景の書式設定>❷塗りつぶし(単色)]をチェック。[❸色]を開いて、❹で黒を選択。

図 11-4	フォントとフォントカラーを変更

手順③

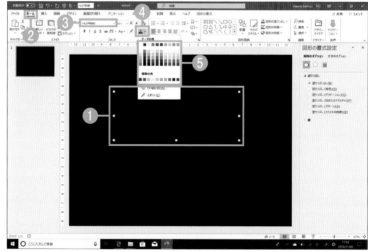

❶テキストボックスを選択。[❷ホーム＞❸フォント]で明朝に変換。[❹フォントの色]をクリックして、❺で白を選択。

図 11-5	「白抜き文字スライド」の完成

手順④

Column
1

「ショートカットキー」は、
これだけマスターする

「8つ」だけマスターすれば十分

　スライド作成を最速化するうえでは、ショートカットキーをマスターすることが欠かせません。ただ、ショートカットキーは、何度も何度も使うことで「体で覚える」ものなので、使用頻度の低いショートカットキーを覚えるのはなかなか難しいことです。

　私もかつては、使用頻度の低いショートカットキーを覚えようと努力したことがありますが、思い出すのに時間がかかったり、操作を間違えてしまったりして、かえって効率が落ちました。そのため、今では、【図C1-1】に掲

図 C1-1　マスターすべき8つの「ショートカットキー」

1	Ctrl＋C	「コピー」の実行
2	Ctrl＋X	「切り取り」の実行
3	Ctrl＋V	「貼り付け」の実行
4	Ctrl＋A	全選択
5	Ctrl＋S	「上書き保存」の実行
6	Ctrl＋Z	直前の操作を元に戻す
7	Ctrl＋左クリック	複数のオブジェクトを選択
8	Shift＋ドラッグ	図形を等倍のまま描画・拡大縮小

げた、使用頻度の高い8つのショートカットキーを中心に使っています。「体で覚える」まで使い続けることによって、この「8つ」を完全にマスターすれば、十分にスライド作成を効率化できます。

[Ctrl＋Z]で"ミス操作"を一発クリア

【図C1-1】の1〜4に掲げたショートカットキーは、"超メジャー"なものなので、改めて説明する必要はないでしょう。5の［Ctrl＋S］（「上書き保存」の実行）は、あまり使っていない方もいるかもしれませんが、せっかくつくったパワポ・データの「保存忘れ」で"泣き"を見ないように、こまめに「上書き保存」をするクセをつけることをおすすめします。

6の［Ctrl＋Z］（直前の操作を元に戻す）は、非常に便利で、必要不可欠なショートカットキーです。たとえば、【図C1-2】のように図形のなかのテキストボックスをドラッグで動かすつもりが、間違えて図形を動かしてしまうことがしばしばあります。こんなときに、手動で「図形」を元の位置に正確に戻すのはなかなか難しいものです。しかし、［Ctrl＋Z］を押せば、一発で正確に元の場所に戻すことができます。

このように、［Ctrl＋Z］は、"操作ミス"を一発でクリア（復元）してくれる必須のショートカットキーなのです。ちなみに、［Ctrl＋Z］を押しすぎてしまった場合には、［Ctrl＋Y］で、巻き戻した操作をもう一度前に進めることができます。

[Ctrl＋左クリック]でオブジェクトを連続選択

【図C1-1】の7の［Ctrl＋左クリック］は、ちょっと複雑なスライドになると頻出するショートカットキーです。たとえば、【図C1-3】の①のスライドで3つの図形とそのなかに置かれたテキストボックスを全選択するには、［Ctrl＋A］を押せばよいのですが、②のようなスライドの場合に［Ctrl＋A］を押すと、「スライドタイトル」も一緒に選択してしまいます。

このような場合に使えるのが、［Ctrl＋左クリック］です。［Ctrl＋左クリ

図 C1-2　[Ctrl＋Z]で"操作ミス"を一発クリア	図 C1-3　[Ctrl＋左クリック]でオブジェクトを連続選択

❶ テキストを移動するはずが……

❶「Ctrl＋A」で全選択

❷「図形」を動かしてしまった……

❷「Ctrl＋A」ではタイトルも選択

❸ [Ctrl＋Z]で一発で復元！

❸「Ctrl＋左クリック」で連続選択！

"操作ミス"をしたら、
[Ctrl＋Z]で
一発でクリア（復元）！

[Ctrl＋左クリック]で
選択したいオブジェクトを
連続選択！

ック］で選択したいオブジェクトだけを、１つずつ選択することができるのです。このショートカットキーなしには、パワポ資料はつくれないと言っても過言ではない重要な機能なので、ぜひマスターしてください。

　また、【図C1-1】の８の［Shift＋ドラッグ］（図形を等倍のまま描画・拡大縮小）は、図形スライドでは必須のショートカットキーですが、Lesson12で詳しく紹介しているので、そちらをお読みください。

第2章

「図形」をマスターする

Lesson 12 「○」「□」「△」などの 図形を作成する

確実に「正円」「正方形」「正三角形」を描く方法

プレゼン資料で頻出するのが、「○」「□」「△」などの図形です。これらを上手に操ることができるようになると、スライドの表現力が向上するとともに、作成スピードもアップします。そこで、第2章では、図形作成の方法についてお伝えします。

図形を作成するときには、まず［ホーム>図形］か［挿入>図形］をクリックします（図12-1）。そして、メニューのなかから、使用する図形を選択す

| 図 12-1 | 「図形」を描画する方法 |

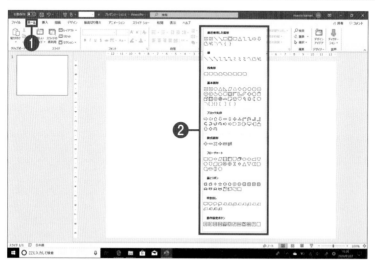

［❶ホーム>❷図形］をクリック（［挿入>図形］でも可）。メニューのなかから図形を選択。

ると、カーソルが［＋］で表示されます。その［＋］を任意の場所に移動させてからドラッグすると、図形が描けます。

　ここで、注意していただきたいことがあります。ドラッグすることで図形を描けるのですが、この方法では、図形の縦横比率が狂ってしまいます。そのため、「正円」「正方形」「正三角形」などを描くのが非常に難しいのです。

　そこで、覚えておいていただきたいのが、［Shift ＋ドラッグ］（Shiftを押しながらドラッグする）で描画する方法です。こうすると、縦横比率を一定に保ってくれるので、「正円」「正方形」「正三角形」などを描くことができます。

 図形を変形させる

　描いた図形を長方形や楕円などに変形させたい場合は、【図12-2】の丸で囲った8つの「○」をドラッグしながら移動させます。ただし、現在の縦横

図 12-2 ⁝ 「図形」を変形させる方法

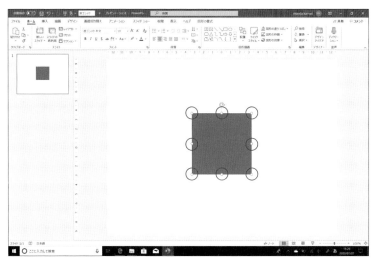

「図形」を変形するには、丸で囲った8つの「○」をドラッグ。現在の縦横比率のまま拡大縮小する場合は、赤丸で囲った「○」を[Shift＋ドラッグ]。

比率のまま「図形」を拡大縮小したい場合には、赤丸で囲った「○」を [Shift ＋ドラッグ] します。

 図形を回転させる

　また、図形を回転させたい場合は、【図12-3】のように、図形を右クリックして表示されるメニューで「図形の書式設定」を選択し、作業ウィンドウの [図形のオプション＞サイズとプロパティ＞サイズ＞回転] の数値を「45°」「90°」「135°」「180°」「270°」などに設定します。

　あるいは、【図12-3】の赤丸で囲った「回転ハンドル」をドラッグすることによって、図形を回転させる方法もあります。この場合、回転角度が「90°」「180°」「270°」「360°」のポイントで一瞬引っかかるような感覚がありますので、それをサインに角度設定をするとよいでしょう。

図 12-3 「図形」を回転させる方法

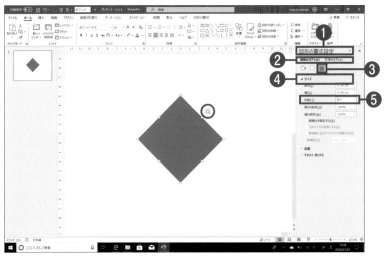

[❶図形の書式設定＞❷図形のオプション＞❸サイズとプロパティ＞❹サイズ＞❺回転] で回転角度を入力。赤丸の回転ハンドルでも可。

図形の「カラー」「枠線」を
設定する

「カラー」「枠線」を設定する方法

ここでは、図形の「カラー」「枠線」を設定する方法をお伝えします。

まず、図形のなかのカラーの調整から始めます。【図13-1】のように、図形を選択したうえで、［ホーム＞図形の塗りつぶし］をクリック。表示されるメニューのなかから、使用したいカラーを選択します。

「無色透明」にしたい場合には、「塗りつぶしなし」を選択します。「塗りつぶしなし」と「白」は同じに見えますが、前者は背景が見えますが、後者は背景が見えません。

図 13-1 図形のなかの「カラー」を調整する方法

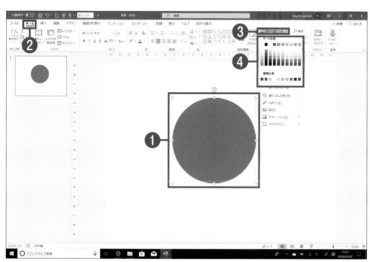

❶図形を選択。［❷ホーム＞❸図形の塗りつぶし］をクリック。❹でカラーを選択。

次に、枠線のカラーを調整します。

【図13-2】のように、図形を選択したまま、［ホーム＞図形の枠線］をクリック。表示されたメニューのなかから選択します。枠線を消したいときには、「枠線なし」を選べばOKです。

枠線の太さは、［ホーム＞図形の枠線＞太さ］にカーソルを合わせ、表示されるメニューから選択します（図13-3）。ケースバイケースですが、私は、「2～3pt」を選ぶことが多いです。

また、「点線」にしたい場合には、［ホーム＞図形の枠線＞実線/点線］でさまざまな線種を選ぶことができます（図13-4）。

「既定の図形に設定」を使ってストレス軽減

ちなみに、私は多くの場合、図形を［塗りつぶし＞なし］で使用すること

図 13-2 図形の枠線の「カラー」を調整する方法

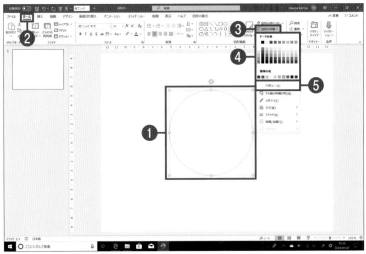

❶図形を選択。［❷ホーム＞❸図形の枠線］をクリック。❹で使用したいカラーを選択。枠線を消すには、［❺枠線なし］をクリック。

| 図 13-3 | 図形の枠線の「太さ」を調整する方法 |

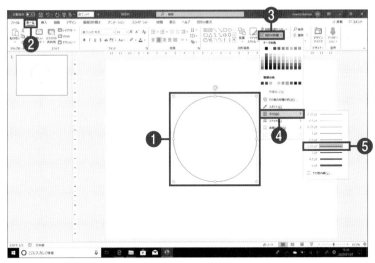

❶図形を選択。[❷ホーム>❸図形の枠線>❹太さ]にカーソルを合わせ、❺で「太さ」を選択する。

| 図 13-4 | 図形の枠線を「点線」に変更する方法 |

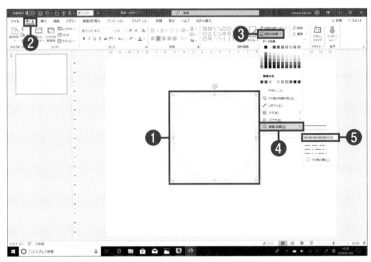

❶図形を選択。[❷ホーム>❸図形の枠線>❹実線/点線]にカーソルを合わせ、❺で線種を選択。

が多いので、パワーポイントのデフォルト設定である［塗りつぶし＞青］を毎回のように変更する必要があり、それが非常に煩わしく感じられます。

　そこで、パワポを立ち上げて、最初の図形を描画したときに、以後、すべての図形を自分が使いやすいスタイルで描画されるように設定できる「既定の図形に設定」という機能をよく使います。
　こうすることで、すべての図形が［塗りつぶし＞なし］で描画できるようになるわけです（枠線の「カラー」「太さ」「線種」なども設定できます）。

　設定方法は簡単。【図13-5】のように、描画した図形を選択して右クリックし、「既定の図形に設定」を選択するだけです。皆さんも、使いやすい図形スタイルを「既定の図形に設定」にすると、プレゼン資料をつくるストレスが軽減されるでしょう。

図 13-5　　「既定の図形に設定」を設定する方法

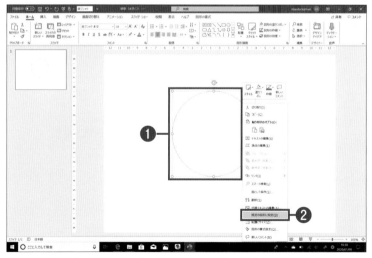

❶図形を選択して右クリック。［❷既定の図形に設定］を選択する。

なお、この「既定の図形に設定」で設定した図形スタイルは、新規で立ち上げたパワポには反映されません。図形スタイルをデフォルト設定にしたい場合は、そのスタイルに設定したテンプレートを作成するとよいでしょう。テンプレートの作成方法は、Column 3で紹介していますのでご参照ください。

図形のうえに「テキスト」を置く

　さらに、図形のうえにテキストを置きたい場合には、図形のうえにテキストボックスを開いて、テキストを入力すればOKです（図13-6）。

　図形の中央をダブルクリックすると、テキストを入力できる機能がありますが、この機能を使うと、図形とテキストボックスの配置を微妙に調整することができないなど、非常に使い勝手が悪いので、基本的に使用しません。

図 13-6　図形のうえに「テキスト」を置く方法

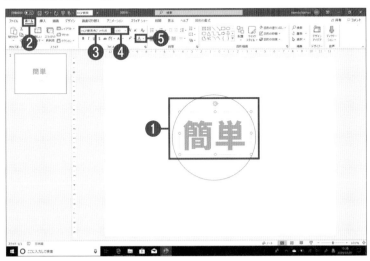

❶テキストボックスにテキスト入力。テキストボックスを選択し、[❷ホーム]タブの[❸フォント][❹フォントサイズ][❺フォントの色]を調整。

「白抜き文字」の図形をつくる

【図13-6】で完成した図形を、「白抜き文字」の図形にする方法もご紹介しましょう。やることはシンプルで、図形のなかにカラーを塗り、文字を白にするだけです。

〈「白抜き文字」の図形をつくる手順〉
手順① **図形を選択したうえで、[ホーム>図形塗りつぶし]で使用したいカラーを選択（図13-7）。**
手順② **「テキストボックス」を選択して、[ホーム>フォントの色]で「白」を選択（図13-8）。**
手順③ **「白抜き文字」の図形が完成（図13-9）。**

図 13-7 ｜ 図形にカラーを塗る

手順①

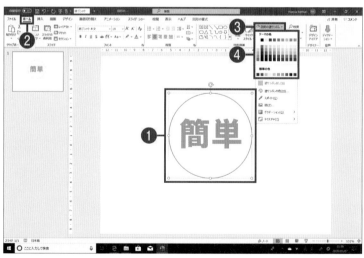

❶図形を選択。[❷ホーム>❸図形の塗りつぶし]をクリック。❹で青を選択。

図 13-8 ⋮ 文字を「白」にする

手順②

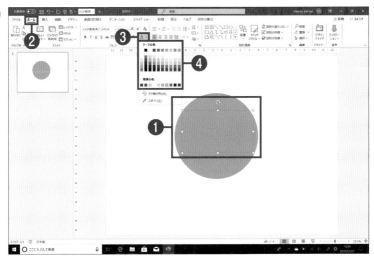

❶テキストボックスを選択。[❷ホーム>❸フォントの色]をクリック。❹
で白を選択。

図 13-9 ⋮ 「白抜き文字」の図形が完成

手順③

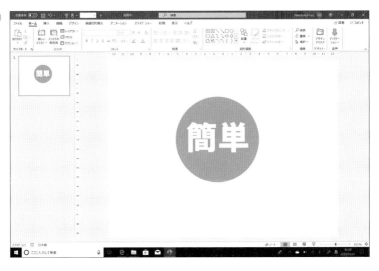

**「マジックナンバー3」の
スライドをつくる**

 ポイントは「3つ」に絞るのがベスト

Lesson12〜13で図形作成の「超」基本をお伝えしました。

それを踏まえて、ここからは、作成する機会が多い「図形スライド」のつくり方を説明していきます。

ここでは、【図14-1】の①のスライドをつくりましょう。

このスライドは、ある商品の「3つの特徴」を示すものですが、②③のスライドと見比べれば、このスライドが最も効果的だと実感していただけると

図 14-1 ▶ 「マジックナンバー3」を活用したスライド

❶3つがベスト **OK!**

3つの特徴
簡単
軽い 安全

❷5つは把握しにくい **NG!**

5つの特徴
安価 簡単 安全
軽い 安心

❸2つは説得力に欠ける **NG!**

2つの特徴
軽い 簡単

3つを超えると
「把握」しにくく、
3つ未満だと
「説得力」に欠ける！

思います。

　②の「５つの特徴」を示すスライドは、頭にスッと入ってこないどころか、「話を聞くのが面倒くさい」とすら思われかねません。一方、③の「２つの特徴」では、どうにも説得力に欠けます。「３つの特徴」を示すのが、ベストの選択なのです。

　これを「マジックナンバー３」といいます。

「三種の神器」「朝起きは三文の徳」「三人寄れば文殊の知恵」など、「３」という数字を使った言葉はやまのようにあります。「上中下」「松竹梅」「金銀銅」など、ランク付けをあらわす３文字から成る慣用句も多く、「NEC」「ANA」「IBM」など、アルファベット３文字の企業ロゴもたくさんあります。

　覚えやすいですし、語感もいいから、多くの人が口にしたくなるために、言葉が伝播しやすいのでしょう。このように、古今東西を問わず、「３」という数字には、人間に訴えかける不思議な力があるのです。プレゼン資料も、「マジックナンバー３」を意識することで、より効果的なものにすることができるのです。

●「グループ化」でスライド作成を最速化

　それでは、早速、「マジックナンバー３」のスライドをつくりましょう。

　ここでスライド作成を効率化するポイントは、１つずつ「図形＋テキスト」をつくるのではなく、１つだけ「図形＋テキスト」を作成して、それをコピペして、テキストを書き換えることです。そのほうが、はるかにスピーディにスライドを仕上げることができます。

　そして、ここで"使える"のが、「グループ化」の機能です。

「グループ化」とは、複数の図形やテキストボックスなどのオブジェクトを、１つのオブジェクトとして移動・加工できるようになる機能です。１つだけ作成した「図形＋テキスト」をグループ化してからコピペすれば、コピペした「図形＋テキスト」を１回のドラッグで移動させることができます。その手順は次のとおりです。

〈「マジックナンバー3」のスライドをつくる手順〉
手順① 1つだけ「図形＋テキスト」を作成して、[Ctrl＋左クリック] で図形とテキストボックスを選択する（図14-2）。
手順② [ホーム＞配置＞グループ化] をクリックして、「図形＋テキスト」をグループ化する（図14-3）。なお、図形とテキストボックスを選択したうえで、右クリックで表示されるメニューで「グループ化」を選択する方法もある。
手順③ グループ化ができたら、「図形＋テキスト」を [Ctrl＋C] でコピーして、[Ctrl＋V] で複製する（図14-4）。
手順④ 2つのテキストボックスを書き換えて、3つの「図形＋テキスト」をベストポジションに配置する（図14-5）。

図 14-2 「図形」と「テキストボックス」を選択する

手順①

❶のように、「図形」と「テキストボックス」を [Ctrl＋左クリック] で1つずつ選択。

図 14-3　「図形」と「テキストボックス」をグループ化する

手順②

[❶ホーム＞❷配置＞❸グループ化]を選択する。

図 14-4　「グループ化」したオブジェクトを複製

手順③

「グループ化」した「図形＋テキスト」を[Ctrl＋C]でコピーし、[Ctrl＋V]で2つ複製。

図 14-5 ▶「テキストボックス」を書き換えて、綺麗に並べる

手順④

❶❷のテキストボックスを書き換えて、3つのオブジェクトをバランスよく並べる。

「時系列フローチャート」を
つくる

 時系列を「カラー」のグラデーションで示す

　【図15-1】は、「受付→一次審査→二次審査→最終審査」という採用までの
時系列の流れを示すフローチャート・スライドです。

　このように、時系列の流れを示すフローチャートは、「左から右」の順に図
形を配置すると、時系列を把握しやすいスライドになります。また、第1ス
テップから順に「薄いブルー」→「濃いブルー」といったグラデーションを
展開することで、「ものごとが進展している」ことを視覚的に伝えることがで
きます。

図 15-1 ▶「時系列フローチャート」の例

採用までの流れ

「左から右」へカラーの
グラデーションで時系列を表現する
↓

オンライン受付　　一次審査・面接　　二次審査・実技　　最終審査・面談

「配置」でオブジェクトを効率的に配置する

では、このスライドをつくっていきましょう。

ここでのポイントは、「配置」機能を活用して、4つのオブジェクトを効率的に整列することです。手順は次のとおりです。

〈「時系列フローチャート」をつくる手順〉
手順① 「図形（ホームベース）＋テキスト」を1つだけ作成してグループ化（図15-2）。なお、図形の枠線は消す。テキストボックスは「縦書き」で、「文字列中央揃え」にしておくとよい。
手順② グループ化したオブジェクトをコピペしたうえで、「始点」と「終点」のオブジェクトをバランスよく配置（図15-3）。
手順③ ［Ctrl＋A］ですべてのオブジェクトを選択したうえで、［ホーム＞配置＞左右に整列］を選択（図15-4）。

図 15-2 ✦ 「図形＋テキスト」をグループ化する

手順①

❶［Ctrl＋A］で図形とテキストボックスを全選択。［❷ホーム＞❸配置＞❹グループ化］をクリックする。

図 15-3 ▶ 「始点」「終点」のオブジェクトを配置する

手順②

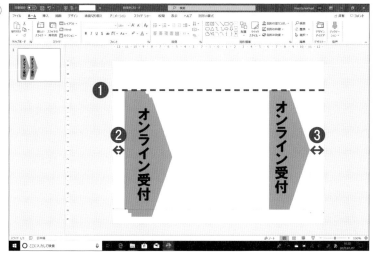

オブジェクトをコピペしたうえで、❶のラインで「始点」と「終点」のオブ
ジェクトを揃え、❷と❸が等距離になるようにする。

図 15-4 ▶ オブジェクトを左右に整列させる

手順③

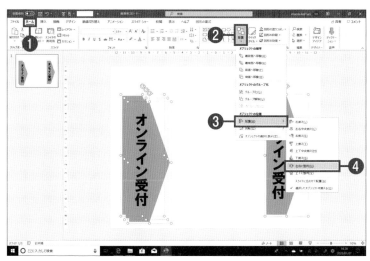

[Ctrl＋A]ですべてのオブジェクトを選択。[❶ホーム＞❷配置＞❸配置＞
❹左右に整列]をクリックする。

〈「時系列フローチャート」をつくる手順〉

手順④ 続けて、[ホーム>配置>上揃え（下揃え）] を選択（図15-5）。

手順⑤ 図形のカラーを変えるとともに、テキストボックスを書き換える（図15-6）。図形のカラーが濃い場合には、読みやすくするために、適宜、「黒字」を「白抜き文字」に変更。「スライドタイトル」を入力すれば完成。

以上で、「時系列フローチャート」は完成です。

このように、複数のオブジェクトを一挙に綺麗に並べることができる、「配置」機能は非常に便利です。

ただし、私は、3つほどのオブジェクトであれば、スマートガイドを頼りに手作業で並べたほうが効率的だと感じます。このあたりは個人差がありますのでご自身のやりやすい方法で、「配置」を上手に使うようにしてください。

図 15-5 ❖ オブジェクトを上揃えにする

手順④

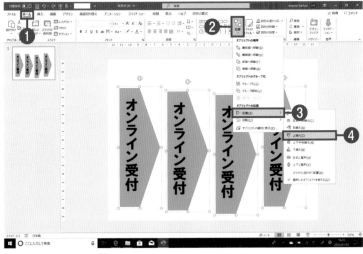

[❶ホーム>❷配置>❸配置>❹上揃え]をクリックする。この場合、❹は[下揃え]でも可。

図 15-6 　図形のカラーとテキストボックスを変更

手順⑤

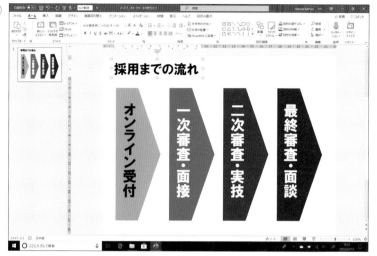

図形のカラーとテキストボックスを変更。「スライドタイトル」を入力すれば完成。

Lesson 16 「階層フローチャート」をつくる

 フローチャートは「左から右」で大きく表示する

Lesson15では「時系列フローチャート」を作成しましたが、ここでは「階層フローチャート」をつくってみましょう。

【図16-1】をご覧ください。

これは、ある会社の「東日本事業所」の組織図を示すスライドです。プレゼン・スライドは横長の形状ですから、このように「左から右」に階層を流すことで、スライド全面を使って大きく表示することができます。

図 16-1 ▷ 「階層フローチャート」の例

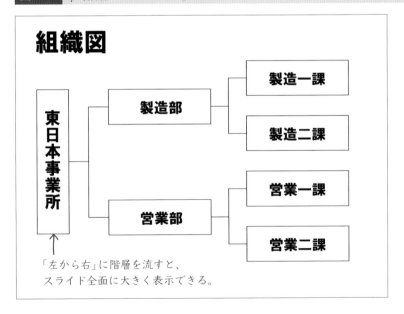

「最下層のオブジェクト」からつくり始めると効率的

「階層フローチャート」を効率的につくるコツは、要素の多い最下層のオブジェクトからつくり始めることです。最上位のオブジェクトから着手しがちですが、オブジェクトの位置関係が把握しづらいため、非効率になりがちです。【図16-1】であれば、最初に最下層の4つのオブジェクトの位置を決めておけば、中位階層の「製造部」のオブジェクトは、「製造一課」と「製造二課」の中間におけばいいので、配置場所を確定しやすいわけです。

では、早速、つくっていきましょう。

〈「階層フローチャート」をつくる手順〉
手順① 「製造一課」のオブジェクトを作成し、グループ化する。それを3つ複製し、「始点」「終点」の位置を決める（図16-2）。

図 16-2	⫸ オブジェクトを複製し、「始点」「終点」の位置を決める

手順①

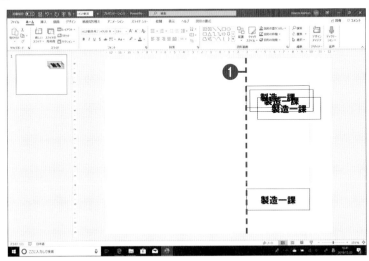

「製造一課」のオブジェクトを作成。グループ化したうえでコピペ。❶のラインで「始点」と「終点」のオブジェクトを揃える。

〈「階層フローチャート」をつくる手順〉

手順② ［Ctrl＋A］ですべてのオブジェクトを選択したうえで、［ホーム＞配置＞配置＞上下に整列］をクリックする（図16-3）。

手順③ 続けて、［ホーム＞配置＞配置＞左揃え（右揃え）］をクリック（図16-4）。整列したら、テキストボックスを書き換える。

手順④ 「中位階層→上位階層」の順番で、オブジェクトを作成し、スマートガイドを参照しながら、綺麗に並べる（図16-5）。

　なお、中位階層のオブジェクトを作成するときは、「製造一課」のオブジェクトをコピペしたうえで、「製造部」「営業部」とテキストを書き換えると効率的です。そして、「製造部」は「製造一課」と「製造二課」の中央、「営業部」は「営業一課」と「営業二課」の中央に手作業で移動させるのがはやいでしょう。

図 16-3 ▶ オブジェクトを全選択し、上下に整列する

手順②

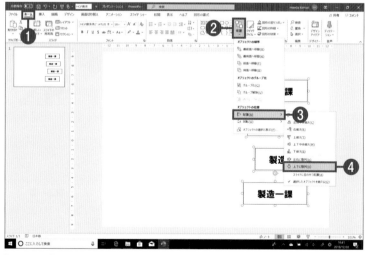

［Ctrl＋A］でオブジェクトを全選択したうえで、［❶ホーム＞❷配置＞❸配置＞❹上下に整列］をクリックする。

図 16-4 【ホーム>配置>配置>左揃え(右揃え)】をクリック

手順③

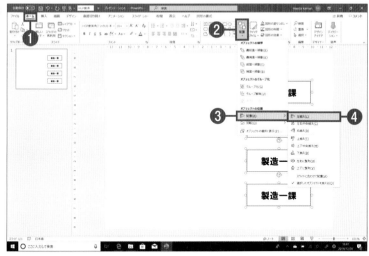

手順②に続けて、[❶ホーム>❷配置>❸配置>❹左揃え(右揃え)]をク
リック。整列後、テキストボックスを書き換える。

図 16-5 「スマートガイド」を参照しながらオブジェクトを配置

手順④

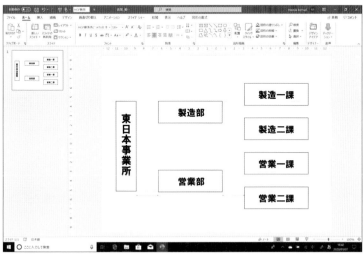

「製造一課」のオブジェクトのコピペを書き換えて、中位階層のオブジェクトを作
成・配置。最後に上位階層のオブジェクトを作成。全体のバランスを調整する。

⚙️「コネクタ」でオブジェクトを接続する

オブジェクトがバランスよく配置されたら、それぞれを「コネクタ」でつなぎ、「スライドタイトル」を入力したら完成です。

〈「階層フローチャート」をつくる手順〉
手順⑤　[ホーム>図形] で「カギ線コネクタ」を選択（図16-6）。
手順⑥　「製造部」のオブジェクトにカーソルを近づけると、接続ポイントが出現するので、それを起点にカーソルをドラッグする。
手順⑦　「製造一課」の接続ポイントまで「カギ線コネクタ」を引っ張り、ドラッグを終える（図16-8）。描画されたコネクタのカラーを、[ホーム>図形の枠線] で黒に変える。以下、同じ要領で、すべての「コネクタ」を挿入（完成版は【図16-1】参照）。

図 16-6　「カギ線コネクタ」を選択する

手順⑤

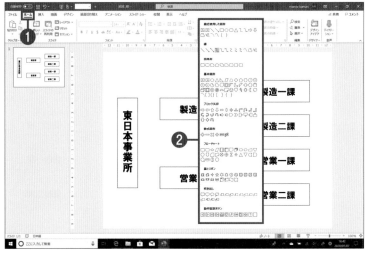

[❶ホーム>❷図形] で「カギ線コネクタ」を選択する。

図 16-7 「カギ線コネクタ」の描画を始める

手順⑥

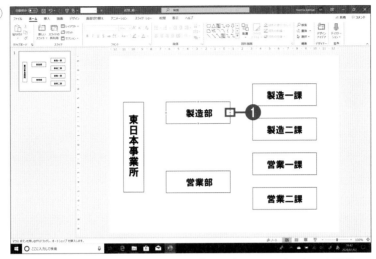

❶の接続ポイントを起点にドラッグで「カギ線コネクタ」の描画を開始。

図 16-8 「カギ線コネクタ」の描画を終える

手順⑦

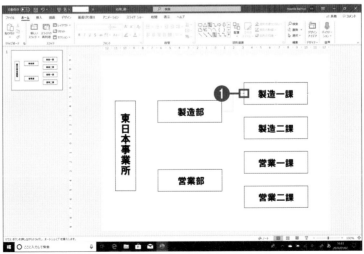

❶の接続ポイントを終点にドラッグを終え、「カギ線コネクタ」を描画。コネクタのカラーを黒に変更。同じ要領で、すべてのコネクタを描画する。

目線誘導の「▽」をつくる

 目線誘導は「↓」ではなく「▽」

　早速ですが、【図17-1】をご覧ください。これは、「読書のよいところは？」というアンケート調査の結果、「新しい知識や情報を得られること」というメリットを挙げた人が61.6%いたことを示すスライドです。

　①と②の違いは1箇所。「読書のよいところは？」というテキストと、「『新しい知識や情報を得られること』61.6％」というテキストの間に、「▽」があるかないか、その1点だけです。しかし、スライドの理解が早いのは、明らかに②のほうです。「▽」の存在によって、2つのテキストの間の「関係」が

図 17-1 ▷ 目線誘導の「▽」は効果バツグン

❶わかりにくいスライド NG!

> **読書のよいところは？**
>
> **「新しい知識や
> 情報を得られること」**
>
> **61.6%**

❷わかりやすいスライド OK!

> **読書のよいところは？**
>
> ▼
>
> **「新しい知識や
> 情報を得られること」**
>
> **61.6%**

❸「↓」を使うのはNG NG!

> **読書のよいところは？**
>
> ↓
>
> **「新しい知識や
> 情報を得られること」**
>
> **61.6%**

目線誘導には
「↓」ではなく、
「▽」を使う！

明確になっているためです。

　ただし、③のように、2つのテキストの関係を示すために「↓」（矢印）を使うのはNGです。というのは、「↓」を使うと、なんとなく「増減」を示しているように見えるなど、何らかの意味を無意識に与えてしまうおそれがあるからです。

　ですから、こういうときには必ず「▽」を使用するようにしてください。このマークを使えば、「増減」を示しているなどといった誤解を招くおそれがないばかりか、「つまり」「なぜなら」「だから」など論理的な関係を示していることが明確になります。

　なお、このマークはグレーなどを使用し、「青」や「赤」などのカラーは使用しないようにしてください。「青」や「赤」のカラーを使えば、ポジティブな印象やネガティブな印象を与えて、ミスリードしてしまうおそれがあるからです。グレーで目立たないようにするのが得策です。

▦ 「▽」をつくる方法

　ただし、パワーポイントには「▽」（下向きの三角）がデフォルトで設定されていませんので、オリジナルで作成する必要があります。その手順は以下のとおりです。

〈目線誘導の「▽」をつくる手順〉
手順① ［ホーム＞図形］で「二等辺三角形」を選択して"ほどよい形"に描画する（図17-2）。
手順② 図形を右クリックして「図形の書式設定」を選択。［図形の書式設定＞図形のオプション＞サイズとプロパティ＞サイズ＞回転］に「180°」と入力して［Enter］キーを押す（あるいは、回転ハンドルで「180°」に合わせる）。図形をグレーで塗り、枠線を消したら完成（図17-3）。

図 17-2 ▶ 「二等辺三角形」を"ほどよい形"で描画する

手順①

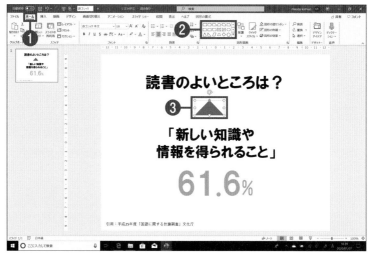

[❶ホーム>❷図形]で「二等辺三角形」を選択。❸"ほどよい形"に描画する。

図 17-3 ▶ 「二等辺三角形」を回転させる（枠線なし、グレーに塗る）

手順②

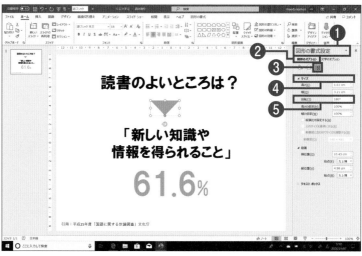

[❶図形の書式設定>❷図形のオプション>❸サイズとプロパティ>❹サイズ>❺回転]に「180°」と入力。回転ハンドルでも可。

Lesson 18 「ピラミッド・スライド」をつくる

ピラミッド・スライドで「ものごとの根源」を示す

【図18-1】のような、「ピラミッド型」の図解も、プレゼン資料ではしばしば使用します。

このスライドは、「日々の業務における実践」のベースには「事業戦略」があり、そのさらに根源には「企業理念」があることを示したものです。このように「ピラミッド・スライド」は、「ものごとの根源」を示すときに有効なものだと言えるでしょう。

図 18-1 ▶「ピラミッド・スライド」の例

⬤「太い白線」で"切れ目"を入れる

早速、「ピラミッド・スライド」をつくっていきましょう。

〈「ピラミッド・スライド」をつくる手順〉

手順① 「二等辺三角形」を描画（[図形の塗りつぶし＞青][枠線＞なし]）したうえで、[Shift＋ドラッグ]で「直線」（[枠線＞白][太さ6pt]）を平行に引く（図18-2）。

手順② 「直線」をコピペしたうえで、【図18-3】のように配置してから、[Shift＋ドラッグ]で平行を維持しながら長さを調整。

手順③ 「白抜き文字」のテキストボックスをコピペ（図18-4）。

手順④ テキストボックスを書き換えて、綺麗に配置する（図18-5）。

図 18-2 ▷ 「二等辺三角形」を描画して、6ptの白い「直線」を描画

手順①

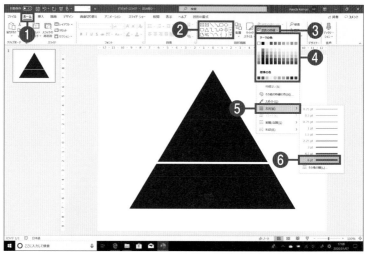

【❶ホーム＞❷図形】で「二等辺三角形」と「直線」を描画。「直線」は、[❸図形の枠線]の❹で白を選択し、[❺太さ]で[❻6pt]を選択。

図 18-3 ⊱ 「直線」をコピペして、右側の長さを調整

手順②

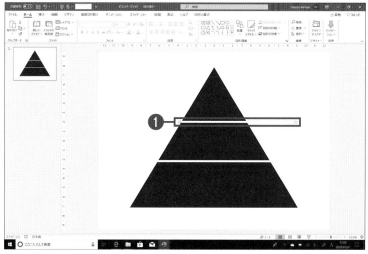

「直線」をコピペ。❶のように配置して長さを縮める。三角形の両辺からはみ出るように「直線」を置くと、左右両方の長さを調整する必要がある。

図 18-4 ⊱ 「白抜き文字」のテキストボックスを作成して、コピペ

手順③

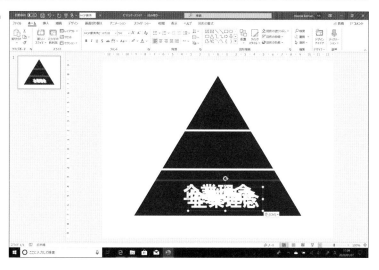

図 18-5 ▸ テキストを修正して、テキストボックスを配置する

手順④

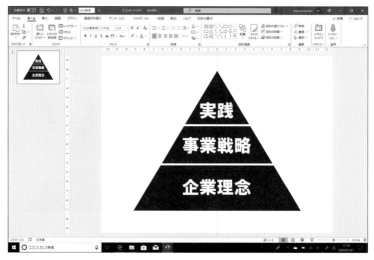

108

「スケジュール・スライド」を つくる

テキストだけの「スケジュール」はNG

　プレゼン資料では、スケジュールを示すスライドは必須と言えるものです。「スケジュール・スライド」をつくるうえで重要なのは、"読んで理解する"ことを求めるのではなく、"スケジュール感"が直感的につかめるように工夫することです。

　そのため、【図19-1】の①のようなテキストだけのスケジュール・スライドはNGです。②のスライドのように表で見せるだけでも理解しやすいですが、できれば③のようにビジュアル化したいところです。

図 19-1 ❯ スケジュールは「表」で見せる

❶テキストだけのスケジュールはNG

PR企画部タスク　　　　　　　　**NG!**

1月　プロモーション予算見直し
2月～3月　年度施策の効果まとめ、報告
4月　新年度施策スタート
5月　販売戦略部合同イベント
6月　1Q施策まとめ、報告

❷スケジュールを表で見せる

PR企画部タスク　　　　　　　　**OK!**

1月	プロモーション予算見直し
2～3月	年度施策の効果まとめ、報告
4月	新年度施策スタート
5月	販売戦略部合同イベント
6月	1Q施策まとめ、報告

❸スケジュールをビジュアルで見せる

4月	5月	6月	7月	8月	9月	
	新卒研修(SE) ～7/14					**great!**
新卒研修(営業) ～5/31		OJT ～9/30				

"スケジュール感"が
直感的につかめるように、
ビジュアルで見せる！

「スケジュール表」のつくり方

では、まず【図19-1】②の「スケジュール表」をつくってみましょう。

〈「スケジュール表」をつくる手順〉

手順① ［挿入＞表］をクリックして、セルを設定するウィンドウを表示。このスライドの場合であれば、「5行×2列」を選択したうえで、選択範囲をクリックして「表」を挿入する（図19-2）。

手順② 背景色がデフォルトで設定されているが、テキストが見にくいので、次の方法で「白地」に変更。「表」を選択したうえで、［テーブルデザイン＞塗りつぶし］で「塗りつぶしなしor白」を選択する。「表」の大きさを調整する（図19-3）。

手順③ 表内の縦線を左にずらしテキスト入力。表全体を選択して［ホーム＞フォント］で「HGP創英角ゴシック」に変更（図19-4）。

図 19-2 ∷「表」を挿入する

手順①

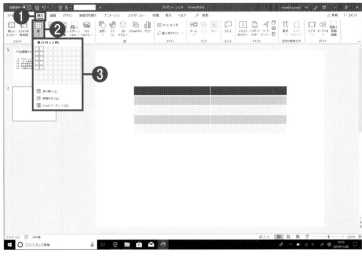

［❶挿入＞❷表］で表示される❸のウィンドウで、行列の数（この場合は「5行×2列」）を指定。選択範囲をクリックすると「表」が挿入される。

図 19-3 表の背景を「白」にする

手順②

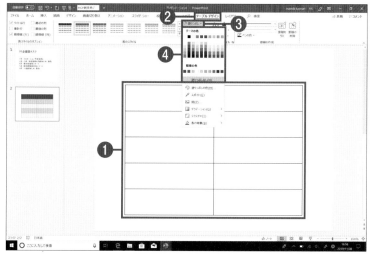

❶「表」を選択する。[❷テーブルデザイン>❸塗りつぶし]で[❹塗りつぶしなし or 白]をクリック。表を適切なサイズに拡大する。

図 19-4 テキストを入力する

手順③

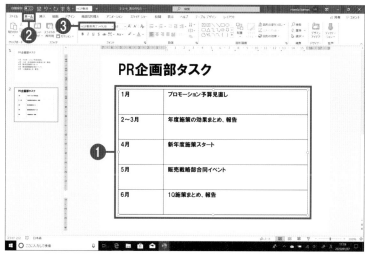

表内の縦線を左にずらし、テキスト入力。❶表全体を選択したうえで、[❷ホーム>❸フォント]で「HGP創英角ゴシックUB」に変更。

なお、表内のテキスト入力のために、いちいちテキストボックスを立ち上げる必要はありません。表内のセルをクリックして、そのまま直接テキスト入力すればOK（「スライドタイトル」はテキストボックスを使用）。続けて、次の手順で「スケジュール表」を完成させます。

〈「スケジュール表」をつくる手順〉
手順④　**表全体を選択したまま、[ホーム>フォントサイズ]でフォントを拡大**（図19-5）。
手順⑤　**1列目のみを選択して、セル内を「中央揃え」[文字の配置>上下中央揃え]に設定**（図19-6）。
手順⑥　**2列目のみを選択して、セル内を「左揃え」[文字の配置>上下中央揃え]に設定すれば完成**（図19-7）。

図 19-5　🔸 フォントサイズを拡大する

手順④

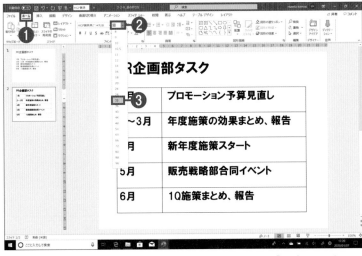

表全体を選択したままで、[❶ホーム>❷フォントサイズ]で❸を選び、フォントを拡大。

図 19-6　1列目の文字配置を決める

手順⑤

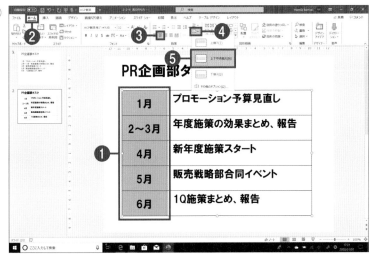

❶1列目のみを選択。[❷ホーム＞❸中央揃え]に設定。[❹文字の配置＞❺上下中央揃え]に設定。

図 19-7　2列目の文字配置を決める

手順⑥

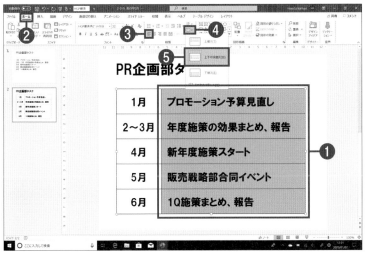

❶2列目のみを選択。[❷ホーム＞❸左揃え]に設定。[❹文字の配置＞❺上下中央揃え]に設定。

「ビジュアル・スケジュール」のつくり方

次に【図19-1】③の「ビジュアル・スケジュール」をつくりましょう。

先ほどと同じように、表を挿入したうえで、[テーブルデザイン>塗りつぶし>なし]に設定します。フォントを「HGP創英角ゴシックUB」に変更するとともに、表内の横線を上部に移動。以下、次の手順で作成します。

〈「ビジュアル・スケジュール」をつくる手順〉
手順① この表のような形状の場合、1行目に入力したテキストが「白字」で表示されるため、[テーブルデザイン>タイトル行]のチェックを外す（図19-8）。
手順② 1行目にテキスト入力をし、1行目を全選択したうえで[ホーム>中央揃え][文字の配置>上下中央揃え]に設定（図19-9）。
手順③ 「長方形」を適切な大きさ・場所に配置する（図19-10）。

図 19-8 ▷ [テーブルデザイン>タイトル行]のチェックを外す

手順①

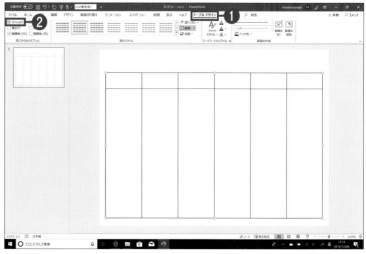

[❶テーブルデザイン>❷タイトル行]のチェックを外す。

図 19-9　1行目の文字配置を決める

手順②

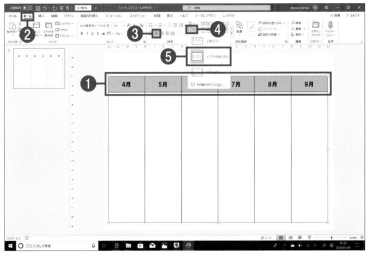

❶1行目にテキスト入力したうえで、1行目を選択。[❷ホーム>❸中央揃え]に設定。[❹文字の配置>❺上下中央揃え]に設定。

図 19-10　図形を描画する

手順③

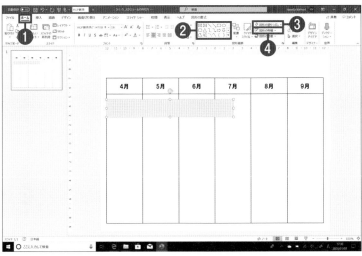

[❶ホーム>❷図形]で「長方形」を描画。図形を選択したうえで、[❸図形の塗りつぶし]でカラーを選択。[❹図形の枠線]は「枠線なし」に設定。

続いて、「長方形」内にテキストを配置します。Lesson13で、図形のうえにテキストを置く場合には、図形に直接テキスト入力するのではなく、テキストボックスを使用するほうがよいとお伝えしましたが、ここで作成しているような「表」では、複雑な操作をしませんから、図形に直接テキストを入力してOKです。そして、以下のような手順で完成させます。

〈「ビジュアル・スケジュール」をつくる手順〉
　手順④　**図形内をダブルクリックすると、【図19-11】のように、図形内にカーソルが出現する。**
　手順⑤　**「HGP創英角ゴシックUB」に変更し、テキスト入力（図19-12）。**
　手順⑥　**図形をコピペして、複製した図形の横幅・カラー・テキストを変えたうえで、適切な場所に配置すれば完成（図19-13）。図形をコピペすれば、図形の縦幅が揃うとともに、フォントも「HGP創英角ゴシックUB」の設定になっている。**

図 19-11 　図形内をダブルクリックする

手順④

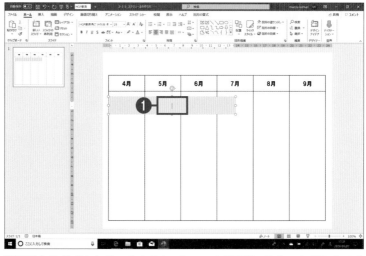

❶図形内をダブルクリックすると、カーソルが出現。テキストが入力できるようになる。

図 19-12 ❖ フォントを変更して、テキストを入力する

手順⑤

[❶ホーム>❷フォント]で「HGP創英角ゴシックUB」に変更したうえで、
テキスト入力。

図 19-13 ❖ 図形をコピペして、「横幅」「カラー」「テキスト」などを変更

手順⑥

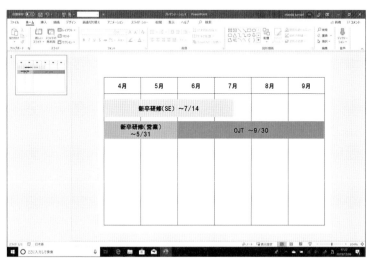

最速で「プレゼン資料」をつくる3つのステップ

【ステップ①】ブレストシートで素材を整理する

　プレゼン資料を最速でつくるためには、いきなりパワーポイントを立ち上げて、スライド作成に取りかかってはいけません。

　闇雲につくり始めると、資料づくりが迷走したり、上司からの指摘でつくり直しになったり、ロジックの組み立てが甘いプレゼンになってしまいがちです。それでは、どんなにパワポを最速で操作できたとしても、意味がありません。それこそ、非効率と言うべきでしょう。

　そうしたことを防ぐためには、まずは、紙とペンを用意して、【図C2-1】のような「ブレストシート」を作成し、プレゼンの内容を整理することが重要です。プレゼン全体の構成をイメージしながら、"設計図"をつくるのです。

　このフォーマットは、Lesson 1で説明した「1課題→2原因→3解決策→4効果」のロジック展開に沿ったもので、それぞれに必要な素材を書き出していきます。

　1人でブレストシートに書き込みながら整理したうえで、できれば関係者で集まってブレストしながらブラッシュアップすると"抜け漏れ"が生じにくくなります。

　社内プレゼンであれば、この段階で上司の意見を聞いておけば、あとでつくり直しになる可能性が低くなるでしょう。あるいは、関係部署のスタッフに加わってもらえれば、社内決裁を得る段階で"横槍"が入ることも防げますし、何よりも、プロジェクトの実行段階で協力を得やすくなるでしょう。その意味でも、このプロセスは、きわめて重要なものなのです。

	結論	根拠(データ)	ビジュアル
課題	店舗の来客数減少	来客数推移のデータ（過去6か月分）	店舗写真
原因	顧客満足度の低下	顧客満足度調査（過去6か月分）	~~スタッフ写真？~~
解決策	接客待遇研修 ○店長研修？ ×全員研修？	○顧客アンケート △ミステリーショッパー報告 △スタッフにヒアリング ×SNSで拾った顧客の声	「左から右」へカラーのグラデーションで時系列を表現する
効果	顧客満足度90%	他社の研修導入実績	~~顧客の笑顔写真？~~

【ステップ②】スライドのプロットをつくる

①「スライド一覧」でプロット全体を俯瞰する

　ブレストシートが完成したら、それをもとに、【図C2-2】のようにスライドのプロットを並べていきます。この段階では、具体的なグラフやビジュアルを置く必要はありません。テキストだけで、それぞれのスライドにどのような内容を盛り込むべきかを記すだけで十分です。

　ここで大切なのは、全体のスライドを俯瞰しながら、「1課題→2原因→3解決策→4効果」の4つのロジックが、「なぜ？」「だから、どうする？」「すると、どうなる？」でスムースにつながるかをチェックすることです。そして、それぞれのスライドに盛り込む内容を微調整したり、スライドを追加・削除したり、並べ替えたりしながら、完成イメージに近づけていきます。

　このプロセスをやりやすくするには、ステータスバーの「スライド一覧」をクリックして、【図C2-3】のようにスライドを表示するとよいでしょう。

[❶標準]が選択されていると、このような画面表示になる。

[❶スライド一覧]を選択すると、スライドを俯瞰できる表示になる。

②スライドを入れ替える方法

　プロット全体を俯瞰することによって、スライドの順番を入れ替えたほうがよいことに気づくことがあります。

　そのときの操作法は簡単です。たとえば、3枚目のスライドと4枚目のスライドを入れ替えたい場合には、【図C2-4】のように4枚目のスライドを、3枚目のスライドのほうにドラッグで移動させれば、3枚目のスライドと自動的に入れ替わってくれます（もちろん、3枚目のスライドをドラッグで移動してもOK）。

③「新規スライド」を挿入する方法

「新規スライド」を挿入する方法も簡単です。

　たとえば、2箇所に「ブリッジ・スライド」を新規で挿入したいときには、次の手順で操作します。

図 C2-4 ✈ スライドを入れ替える方法

❶4枚目のスライドをドラッグで3枚目のほうに移動させると、自動的に入れ替わる。

まず、「新規スライド」を挿入したい箇所（スライドとスライドの間or挿入したい箇所の1つ前のスライド）をクリックします。右クリックで表示されるメニューで「新しいスライド」を選択。立ち上がった「新規スライド」をダブルクリックすると、スライド表示が「標準」に戻りますので、そこでテキストを入力して、「ブリッジ・スライド」を作成します。

〈「新規スライド」を挿入する手順〉
手順① **「新規スライド」を挿入したい箇所をクリック。右クリックで「新しいスライド」を選択（図C2-5）。**
手順② **挿入された「新規スライド」をダブルクリック（図C2-6）。**
手順③ **スライド表示が「標準」に戻るので、そこでスライドを作成する（図C2-7）。**

図 C2-5 「新規スライド」を挿入する

手順①

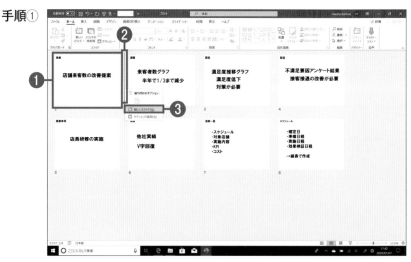

「新規スライド」を挿入したい場所をクリック（❶か❷）。右クリックで表示されるメニューの「新しいスライド」をクリック。

図 C2-6 「新規スライド」をダブルクリック

手順②

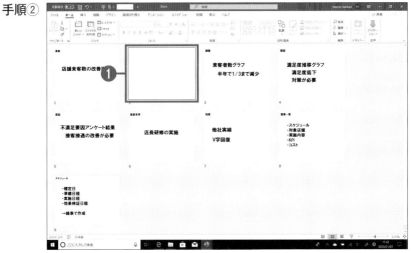

❶挿入された「新規スライド」をダブルクリックすると、スライド表示が「標準」に戻る。

図 C2-7 「ブリッジ・スライド」を作成

手順③

「ブリッジ・スライド」ができたら、再び「スライド一覧」表示に戻ります。

そして、「ブリッジ・スライド」をコピーしたうえで、もう一箇所挿入したい箇所をクリックして、コピーした「ブリッジ・スライド」を貼り付ければ完了です。

〈「新規スライド」を挿入する手順〉
手順④ スライド表示を「スライド一覧」に切り替えたうえで、「ブリッジ・スライド」をコピーする。（図C2-8）。
手順⑤ 「ブリッジ・スライド」を挿入したい箇所を選択（図C2-9）。
手順⑥ 「ブリッジ・スライド」を貼り付ける（図C2-10）

このように、プロット全体を俯瞰しながら、スライドを入れ替えたり、スライドを挿入・削除したりしながら、全体構成を固めていきます。

図 C2-8 「スライド一覧」を選択し、「ブリッジ・スライド」をコピー

手順④

［❶スライド一覧］をクリック。❷のブリッジ・スライドをコピー。

手順⑤

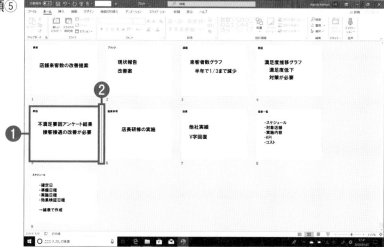

スライドを挿入したい箇所をクリック(❶か❷)。

手順⑥

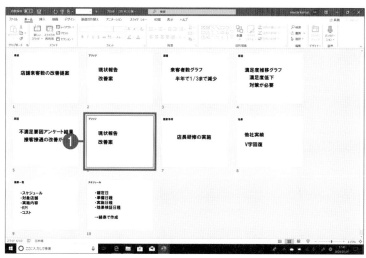

❶「ブリッジ・スライド」が複製される。

【ステップ③】スライドをつくり込む

　プロットが固まったら、いよいよ本格的にスライドの作成に着手します。本書で紹介しているさまざまなノウハウを生かしながら、1枚1枚のスライドをつくり込んでいってください。

　ここで重要なのは、できるだけ「ゼロ」からスライドをつくらないようにすることです。過去のプレゼン資料のなかに、同じようなスライドがあれば、それをコピペして、修正するほうが格段に作業効率が上がります（ただし、グラフは設定を変えるとうまく表示されないことがあります）。

　また、スライドをつくり込むときには、徹底的にプレゼン相手と同じ目線で考えることを忘れてはなりません。見やすく、わかりやすく、「なるほど」と思ってもらえるように細心の注意を払ってください。そして、スライドが完成したら、「スライド一覧」表示にして、全体を俯瞰しながら最終チェックをします（図C2-11）。適宜、微調整をしながら完璧を期してください。

図 C2-11　「スライド一覧」でスライドを俯瞰しながら最終チェック

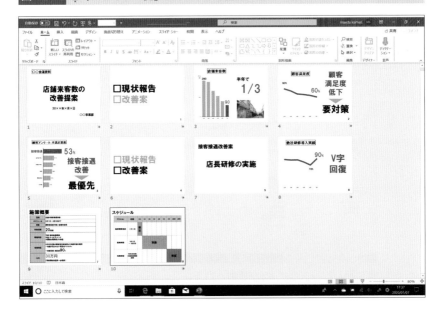

第3章

「グラフ・スライド」を
マスターする

「グラフ・スライド」の4つの鉄則

 ## “考えさせない”のが、優れた「グラフ・スライド」

　ビジネスは「数字」です。

　だから、ビジネス・プレゼンでは、「数字」をいかに見せるかがきわめて重要であり、なかでも最重要なのが「グラフ・スライド」の見せ方です。

　では、優れた「グラフ・スライド」とはどのようなものでしょうか？

　ずばり、「考えさせないスライド」です。グラフを読み解くために、頭を使う手間をかけさせてはなりません。見た瞬間に「どの数字を見せたいのか？」がわかり、最長でも10秒以内に「何を表現しているグラフなのか？」が把握できるような、直感に訴える「グラフ・スライド」が優れているのです。

　そのような、「グラフ・スライド」をつくる鉄則は以下の4つです。

【鉄則❶】 ワンスライド＝ワングラフ

　1枚のスライドにグラフがいくつも並んでいると、非常に理解しづらくなります。しかも、1つひとつのグラフも小さく表示するほかなく、“見る気”が失せてしまっても仕方がないでしょう。ですから、1枚のスライドに1つのグラフだけ表示する「ワンスライド＝ワングラフ」を徹底するようにしてください。

　たとえば、【図20-1】の①のスライドをご覧ください。このように、「売上実績」については棒グラフで、それに重ねるように「目標達成率」を折れ線グラフで表示すると1枚のスライドに収めることができますが、これはNGです。「売上実績」については左の単位（目盛）で確認して、「目標達成率」

図 20-1 ❖ 「ワンスライド＝ワングラフ」の例

❶「重ねグラフ」はNG

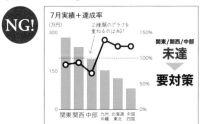

「重ねグラフ」はNG！
2枚のスライドで、
1つずつグラフを見せる！

❷ 2枚のスライドに分けて「ワンスライド＝ワングラフ」に

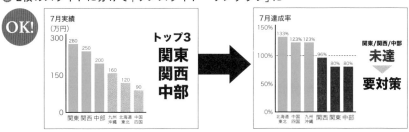

については右の単位（目盛）で確認するのは、面倒くさいですよね？

　このような場合には、【図20-1】の②のように、2枚のスライドに分けて、「ワンスライド＝ワングラフ」にしたほうが、わかりやすくなります。

【鉄則❷】シンプル・グラフ（余計な数字・罫線・目盛り・凡例はカット）

　伝えたいことが端的に伝わるように、グラフは徹底的に編集します。【図20-2】のように余計な「罫線」「目盛り」などが入っている場合は、すべてカットしてできるだけシンプルなグラフにしてください（余計な「数字」「凡例」もカットします）。

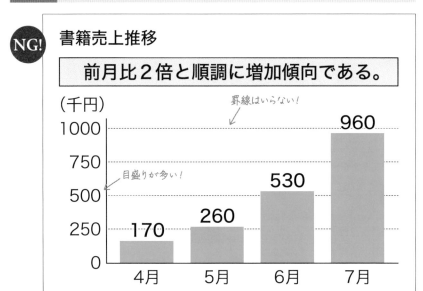

図 20-2 ▶ 余計な情報はすべてカットする

NG!

書籍売上推移

前月比２倍と順調に増加傾向である。

（千円）

罫線はいらない！

目盛りが多い！

1000 750 500 250 0

170　260　530　960

4月　5月　6月　7月

「左グラフ、右メッセージ」がベスト

【鉄則❸】「グラフは左、キーメッセージは右」

　１枚のスライドにグラフとキーメッセージを入れる場合に、グラフとメッセージを上下に並べるのはできるだけ避けるようにしてください。

　人間の脳は、右脳はビジュアル、左脳は文字情報などの論理を理解することに特化しているため、ビジュアルと文字情報を「上下」＝「縦」に配置するよりも、「左右」＝「横」に配置したほうが理解しやすいからです。どうしても上下に並べざるを得ない場合は、「伝えたい」ことがわかりやすいように、キーメッセージをグラフの上に置いてください（図20-3①）。

　また、グラフは「左」、メッセージは「右」に配置するようにしてください。

　視野の左側から入る情報はビジュアル処理が得意な右脳へ、右側から入る情報は文字情報の処理が得意な左脳に届くからです。それは、【図20-3】の

図 20-3 ▶ 「右グラフ、左キーメッセージ」

❶ 上グラフ、下メッセージ

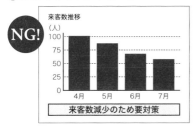

❷ 下グラフ、上メッセージ

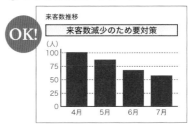

❸ 左メッセージ、右グラフ

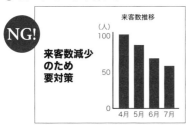

❹ 左グラフ、右メッセージ

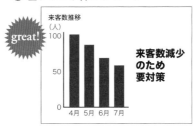

③④のスライドを見比べれば、すぐに実感できるはずです。

　なお、この鉄則は、「画像スライド」にも該当します。Lesson24でお伝えするように、画像は「全画面表示」するのがベストですが、それが難しいときには「左ビジュアル、右メッセージ」にするのを基本にしてください。

【鉄則❹】「逆L字」で目線誘導

【図20-3】の④のスライドを、さらにブラッシュアップしたのが、【図20-4】です。

　まず、最も見せたいのは右端の「棒」なので、それ以外は「グレーアウト」します。そして、このスライドは「来客数減少」を伝える「ネガティブ・スライド」なので、使用する色は「赤」です。「減少」を強調する赤い矢印を入れることで、さらに理解しやすくなります。

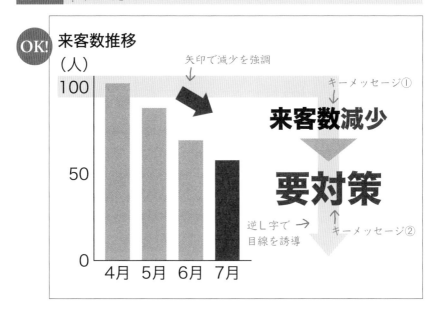

図 20-4 「逆L字」でわかりやすいスライドにする

OK!

来客数推移

（人）

矢印で減少を強調

キーメッセージ①

100

来客数減少

50

要対策

キーメッセージ②

逆L字で →
目線を誘導

0

4月 5月 6月 7月

　また、キーメッセージを「来客数減少」と「要対策」に分割して「▽」で両者をつなぎます。文字数が減ることでよりわかりやすくなるうえに、「グラフ」→「キーメッセージ①」→「キーメッセージ②」と「逆L字」で視線を誘導するため一瞬で理解できる「型」なのです。

　なお、この「逆L字」は、「グラフ」から順番にアニメーション（フェード）で示すと、よりわかりやすくなります（第5章参照）。

「棒グラフ・スライド」をつくる

 「棒グラフ・スライド」のゴール・イメージ

この項目では、実際に「棒グラフ・スライド」をつくっていきます。

まず、ゴール・イメージを共有しましょう。【図21-1】をご覧ください。これは、システム保守の契約社数が4年でほぼ半減していることをデータで示して、対策の必要性を訴える社内プレゼンのスライドです。

ご覧のとおり、「左グラフ、右メッセージ」「見せたい棒グラフ以外はグレーアウト」「ネガティブ・スライドだから、見せたい部分を赤で強調」「矢印

図 21-1 ▶ 「棒グラフ・スライド」のポイント

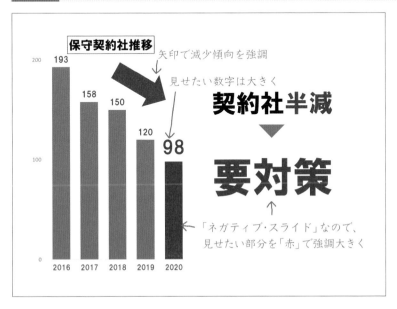

で減少傾向を強調」など、Lesson20でお伝えした「グラフ・スライド」の鉄則が守られているため、非常に理解しやすいスライドになっています。

「棒グラフ」を立ち上げる

では、早速、【図21-1】の「棒グラフ・スライド」をつくっていきましょう。まず、次の手順で「棒グラフ」を立ち上げます。

〈「棒グラフ」を立ち上げる手順〉
手順① **[挿入>グラフ] をクリックして、ウィンドウの [縦棒>集合縦棒] を選択する（図21-2）。**
手順② **棒グラフのサンプルとパワーポイントに内蔵されているエクセルのウィンドウが表示される（図21-3）。**

図 21-2 「棒グラフ」を選択する

手順①

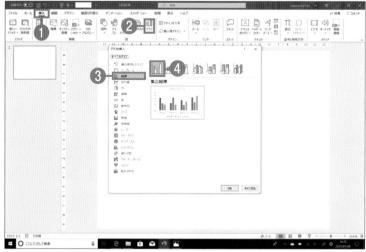

[❶挿入>❷グラフ>❸縦棒>❹集合縦棒] を選択。

図 21-3 ▶ 「パワポ内蔵のエクセル」が立ち上がる

手順②

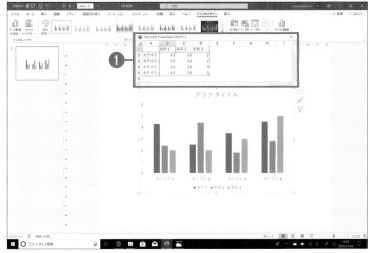

❶のパワポ内蔵のエクセル・データが立ち上がる。

　なお、パワポの棒グラフには「集合縦棒」のほかにも、「積み上げ縦棒」「100％積み上げ縦棒」など、さまざまな種類が用意されていますので、用途に合わせて適切なものを選択してください。

　ただし、立体的なグラフが表示される「3-D」は、棒グラフの手前と奥で高さが違いますから、どちらが正しい高さなのかがわかりません。「ごまかそうとしているんじゃないか？」と印象操作を疑われかねませんので、使用しないようにしてください。

「エクセル・データ」を取り込む

　さて、【図21-3】で表示された、パワポ内蔵のエクセルにデータを入力すると、それに応じて棒グラフの表示が変更されるわけですが、ここで私がおすすめしているのは、パソコンに保存しているエクセル・データからコピペ

する方法です。最も少ない工程数でデータを取り込むことができるからです。

　ただ、パワポ内蔵のエクセルは機能に制約があり、膨大なデータを処理するのには不向きです。そのような場合は、もととなるエクセル上でグラフ化して、それをスライドに貼り込むのがよいでしょう。

　ここでは、前者の、パソコンに保存しているエクセル・データからコピペする手順をお伝えします。

〈「エクセル・データ」を取り込む手順〉
　手順③　**パソコンに保存している「エクセル・データ」を立ち上げる（図21-4）。**
　手順④　**エクセル上のデータをコピペする（図21-5）。**
　手順⑤　**パワポ内蔵のエクセルの不要なデータを削除（図21-6）。**

図 21-4 ❖ パソコンに保存している「エクセル・データ」を立ち上げる

手順③

❶パソコンに保存している「エクセル・データ」を立ち上げる。

図 21-5 「もとデータ」から「パワポ内蔵エクセル」にコピペ

手順④

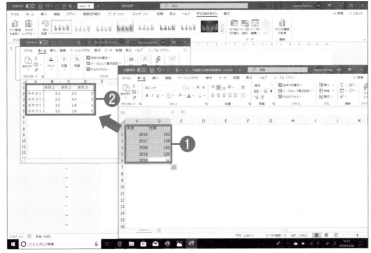

[❶もとデータ] から [❷パワポ内蔵エクセル] に、データをコピペする。

図 21-6 「パワポ内蔵エクセル」の不要部分を削除する

手順⑤

❶エクセルの不要部分を選択して右クリック。[❷削除>❸テーブルの列]
で削除。

この手順で「エクセル・データ」を取り込むと、棒グラフにデータが反映されます（図21-7）。【図21-6】のエクセル・データと見比べるとわかるとおり、「A列」のデータが棒グラフの横軸に反映され、「B列」のデータが棒グラフ（縦軸）として表示されます。「シンプル・グラフ」が鉄則ですから、「A列」に入力するデータは、必要不可欠なものだけに絞るようにしてください。

⊛「左グラフ」にする

続けて、「左グラフ、右メッセージ」の形にします。

〈「左グラフ」にする手順〉
手順⑥ 棒グラフにデータが反映される（図21-7）。
手順⑦ だいたいの感覚でスライドの左上に棒グラフを移動させる（図21-8）。
手順⑧ グラフがスライド左半分に表示されるように調整（図21-9）。

図 21-7 ⊹「棒グラフ」にデータが反映される

手順⑥
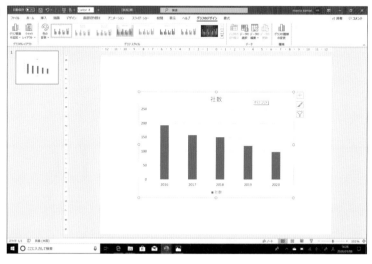

図 21-8　スライド左上に「棒グラフ」を移動

手順⑦

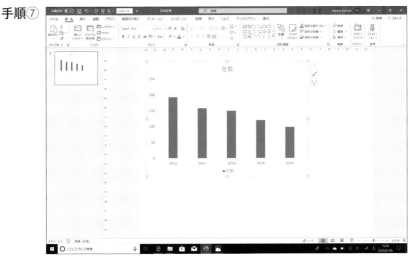

図 21-9　「棒グラフ」を下方向に引き伸ばす

手順⑧

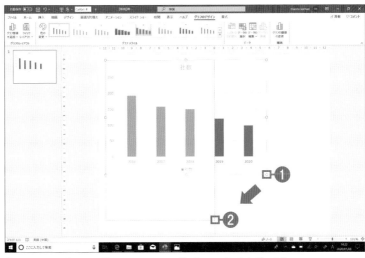

❶をドラッグして、❷のあたりまで棒グラフを引き伸ばす。

「凡例」「罫線」などをカットする

続いて、余計な要素をカットします。

パワーポイントでは、「凡例」「縦軸の目盛り数字」「目盛りの罫線（ラダー）」がデフォルト設定されていますが、できるだけシンプルなグラフにしたほうが理解しやすくなります。ケースバイケースですが、私は、基本的に「凡例」「ラダー」は全カットして、「縦軸の目盛り数字」は減らすようにしています。

〈グラフをシンプルにする手順〉
手順⑨ 「凡例」のボックスを選択して削除（図21-10）。
手順⑩ 「ラダー」のどれか1本をワンクリックすると、すべてのラダーが選択されるので、そのまま一括削除（図21-11）。
手順⑪ 「縦軸」のボックスを選択して右クリック。メニューの「軸の書式設定」を選択（図21-12）。

図 21-10 「凡例」を削除する

手順⑨

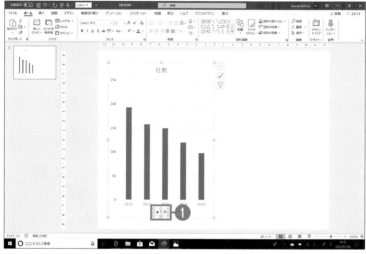

❶「凡例」のボックスを選択して削除。

図 21-11 ❖「ラダー」を一括削除

手順⑩

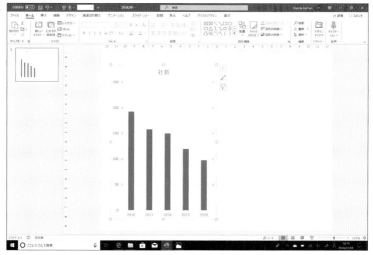

どれか1つのラダーをワンクリックすると、ラダーが全選択されるので一括
削除。

図 21-12 ❖「縦軸」の編集を始める

手順⑪

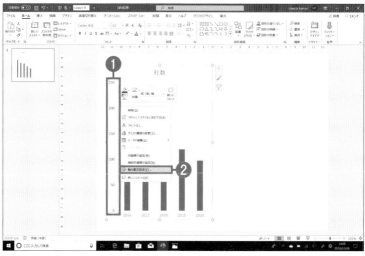

❶「縦軸」を選択して右クリック。表示されるメニューから[❷軸の書式設
定]を選択。

手順⑪で開いた「軸の書式設定」において、次の手順で、「縦軸の目盛り数字」を減らす設定をしますが、それと同時に、棒グラフの増減幅が大きく表示されるように調整します。棒グラフの増減幅を大きくすることによって、より一層、グラフの意図を明確にするためです。このグラフの場合であれば、「契約社数が減少傾向にある」ことを、より明確に示すことができるわけです。

〈「縦軸」の目盛りを減らす手順〉

手順⑫ ［軸の書式設定＞軸のオプション］を開く（図21-13）。

手順⑬ ［軸のオプション＞主］の数値を大きくする（ここでは「50→100」に変更）。これによって、「縦軸の目盛り」が「100」ごとに表示されるので、「目盛り数字」の数が減る（図21-14）。

手順⑭ ［軸のオプション＞最大値］の数値を小さくする（ここでは「250→200」に変更）。これによって、棒グラフが縦長になるため、増減幅が大きく表示されるようになる（図21-15）。

図 21-13 ［軸の書式設定＞軸のオプション］を開く

手順⑫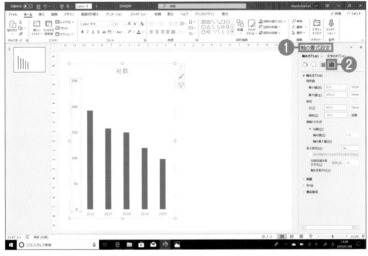

［❶軸の書式設定＞❷軸のオプション］を開く。

図 21-14 :::｀ 「縦軸」の目盛り数字を減らす

手順⑬

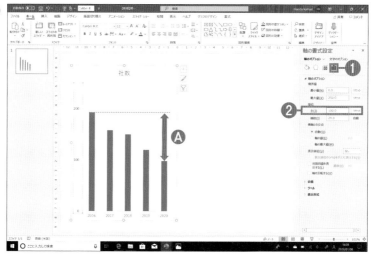

[❶軸のオプション>❷主]の数値を大きくする(ここでは「50→100」)。縦軸の「目盛り数字」の数が減る。

図 21-15 :::｀ 「棒グラフ」の増減幅を大きく表示する

手順⑭

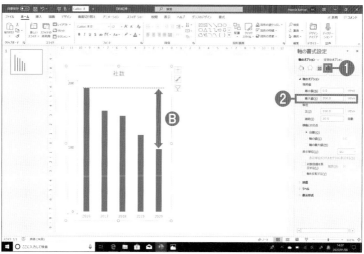

[❶軸のオプション>❷最大値]の数値を小さくする(ここでは「250→200」)。【図21-14】の❹より、【図21-15】の❸の方が差が大きくなる。

⬤ 「棒グラフ」を太くする

　続いて、「棒グラフ」の表現力を高めるために、「棒」を太くします。手順は、次のとおりです。

〈「棒グラフ」を太くする手順〉

手順⑮　**どれか1つの「棒」をワンクリックすると、すべての「棒」が選択される（図21-16）。**

手順⑯　**「右クリック」で表示されるメニューの「データ系列の書式設定」を選択（図21-17）。**

手順⑰　**[データ系列の書式設定＞系列のオプション＞要素の間隔]を、だいたいの感覚で調整して、「棒」の太さを決める（図21-18）。**

図 21-16 ▶ どれか1つの「棒」をワンクリックして全選択

手順⑮

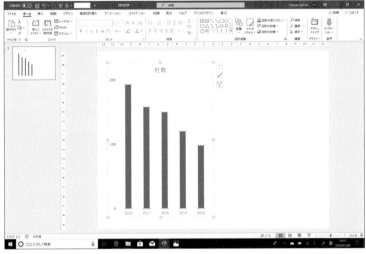

どれか1つの「棒」をワンクリックすると、すべての「棒」が選択される。ダブルクリックすると、その「棒」だけが選択される。

図 21-17 右クリックで「データ系列の書式設定」を選択

手順⑯

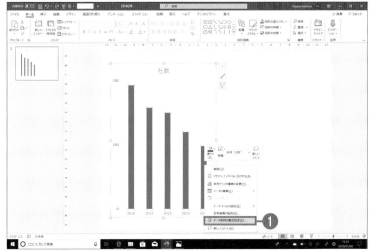

「棒」が全選択されている状態で右クリック。メニューの「データ系列の書式設定」を選択。

図 21-18 「棒グラフ」を太くする

手順⑰

【❶データ系列の書式設定＞❷系列のオプション＞❸要素の間隔】で「棒」の太さを調整。

「棒グラフ」のカラーを調整（グレーアウト＋着色）

次に、「棒グラフ」のカラーを調整します。このスライドは「保守契約社が激減」というネガティブ・メッセージを伝えるものなので、強調したい右端の「棒」（最も悪い数字）のみ赤を塗り、それ以外はグレーアウトします。

〈「棒グラフ」のカラーを調整する手順〉

手順⑱ ［データ系列の書式設定＞塗りつぶしと線＞塗りつぶし＞色］でグレーを選択すると、すべての「棒」がグレーに変換される（図21-19）。

手順⑲ 右端の「棒」だけを選択。［データ要素の書式設定＞塗りつぶしと線＞塗りつぶし＞色］で赤を選択する（図21-20）。

手順⑳ 右端の「棒」だけが赤に変換される（図21-21）。

図 21-19 ❖ 「棒グラフ」をグレーアウトする

手順⑱

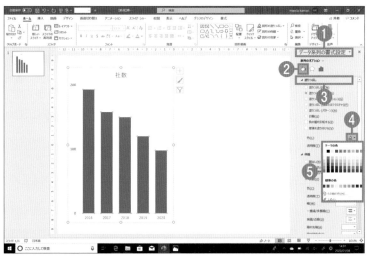

すべての「棒」を選択した状態のままで、［❶データ系列の書式設定＞❷塗りつぶしと線＞❸塗りつぶし＞❹色］を開いて、❺でグレーを選択。

図 21-20 ⋮ 右端の「棒」だけ赤にする①

手順⑲

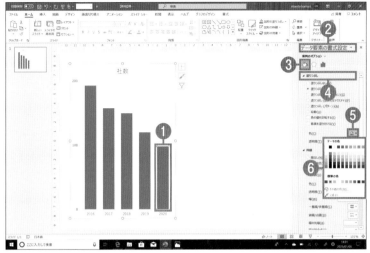

❶の「棒」だけを選択したうえで、[❷データ要素の書式設定>❸塗りつぶし と線>❹塗りつぶし>❺色]を開いて、❻で赤を選択。

図 21-21 ⋮ 右端の「棒」だけ赤にする②

手順⑳

「データラベル（数字）」を設定する

　続いて、それぞれの「棒」の上に「データラベル（数字）」を設定します。
ここでも、右端の「棒」の数字を強調させる必要がありますから、他の「デ
ータラベル」よりも大きなフォントにするとともに、赤に着色します。

〈「データラベル（数字）」を設定する手順〉
　手順㉑ すべての「棒」を選択したうえで右クリック。メニューで「デ
　　　　ータラベルの追加」を選択する（図21-22）。
　手順㉒ 「データラベル」の1つをワンクリックして、「データラベル」を
　　　　全選択。フォントを「HGP創英角ゴシックUB」に変更すると
　　　　ともに、フォントを拡大する（図21-23）。
　手順㉓ 右端の「データラベル」だけを選択したうえで、フォントをさ
　　　　らに大きくするとともに赤に変更する（図21-24）。

図 21-22 「データラベル（数字）」を設定する

手順㉑

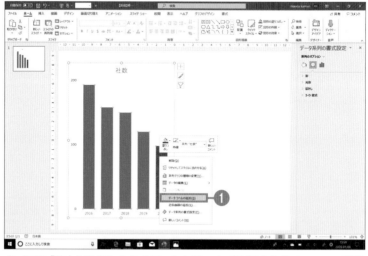

すべての「棒」を選択したうえで、右クリックで表示されるメニューで［❶
データラベルの追加］を選択。

図 21-23 「データラベル」を編集する

手順㉒

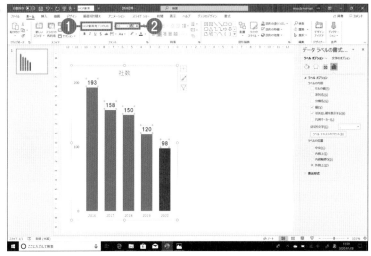

どれか1つの「データラベル」をワンクリックして全選択。[❶フォント]で「HGP創英角ゴシックUB」を選択。[❷フォントサイズ]でフォント拡大。

図 21-24 右端の「データラベル」を編集する

手順㉓

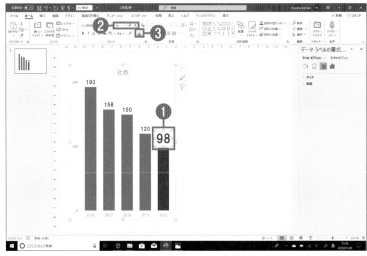

❶右端の「データラベル」のみを選択。[❷フォントサイズ]を拡大し、[❸フォントの色]で赤を選択。

「グラフタイトル」「横軸のフォント」を変更する

ここから、仕上げに入っていきます。

まず、次の手順で「グラフタイトル」「横軸のフォント」を変更します。

〈「グラフタイトル」「横軸のフォント」を変更する手順〉

手順⑳ **「グラフタイトル」のテキストを修正し、フォントを「HGP創英角ゴシックUB」に変更するとともに、フォントカラーを黒にする（図21-25）。**

手順㉕ **「グラフタイトル」に黒の枠線を設定する（図21-26）。**

手順㉖ **「横軸」のボックスを選択して、フォントを「HGP創英角ゴシックUB」に変更し、必要であればフォントサイズを大きくする（図21-27）。**

図 21-25 ▶ 「グラフタイトル」を編集する

手順⑳

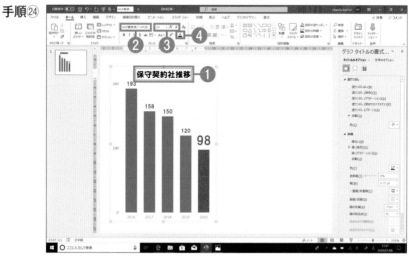

❶「グラフタイトル」を修正。[❷フォント＞HGP創英角ゴシックUB]に変更。[❸フォントサイズ]を拡大し、[❹フォントの色＞黒]を選択。

図 21-26 ✦ 「グラフタイトル」に黒の枠線を設定

手順㉕

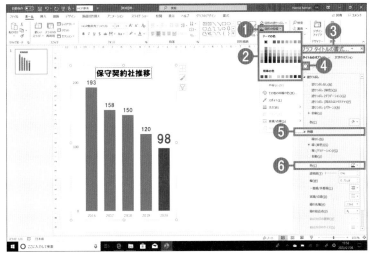

[❶図形の枠線]を開いて、❷で黒を選択([❸グラフタイトルの書式設定>❹塗りつぶしと線>❺枠線>❻色]でも可)。

図 21-27 ✦ 「横軸」を編集する

手順㉖

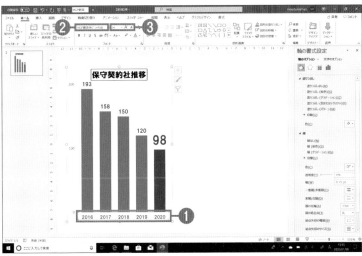

❶「横軸」を選択。[❷フォント>HGP創英角ゴシックUB]に設定。[❸フォントサイズ]を調整。

⊙ 「矢印」を挿入する

　さらに、次の手順で「赤の矢印」を挿入することによって「減少傾向」を強調し、キーメッセージを挿入すれば「棒グラフ・スライド」の完成です。

〈グラフに「矢印」を挿入する手順〉

手順㉗ ［ホーム＞図形］で「矢印」を描画。「矢印」を選択したうえで、「図形の塗りつぶし」を赤に設定するとともに、「線」を「線なし」に設定（図21-28）。

手順㉘ 「矢印」を回転させて、位置を調整する（図21-29）。

手順㉙ キーメッセージを入力する（図21-30）。

図 21-28 ⊙ 「矢印」を挿入する

手順㉗

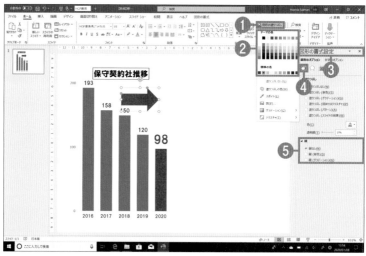

「矢印」を描画したうえで、［❶図形の塗りつぶし］をクリックして、❷で赤を選択。［❸図形の書式設定＞❹塗りつぶしと線＞❺線＞線なし］に設定。

図 21-29 ▶ 「矢印」を回転させる

手順㉘

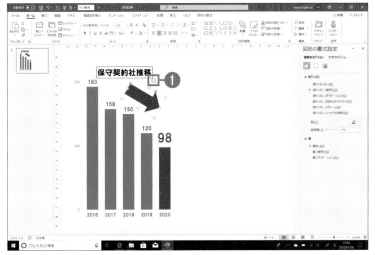

❶の回転ハンドルをドラッグして、「矢印」を回転させる。「矢印」の位置を調整する。

図 21-30 ▶ キーメッセージを入力する

手順㉙

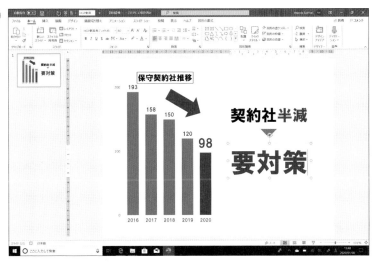

「折れ線グラフ・スライド」を
つくる

◉「折れ線グラフ・スライド」のゴール・イメージ

　ここでは、「折れ線グラフ・スライド」をつくっていきます。

　まず、ゴール・イメージを共有しましょう。【図22-1】をご覧ください。これは、社内のKIRと呼ばれる部門のオペレーション実績が大幅に向上していることを示したうえで、関連部門にKIRのスキームを拡大していくことを提案する社内プレゼンのスライドです。

　ご覧のとおり、「左グラフ、右メッセージ」「見せたい折れ線グラフ以外は

図 22-1 ▷ 「折れ線グラフ・スライド」のポイント

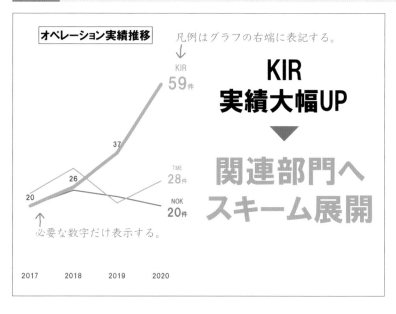

グレーアウト」「ポジティブ・スライドだから、見せたい部分を青で強調」など、Lesson20でお伝えした「グラフ・スライド」の鉄則が守られており、非常にわかりやすいスライドになっています。

⬡ 「折れ線グラフ」を立ち上げる

では、早速、【図22-1】の「折れ線グラフ・スライド」をつくっていきましょう。まず、「折れ線グラフ」を立ち上げます（手順は、「棒グラフ」と同じ）。

〈「折れ線グラフ」を立ち上げる手順〉
手順① ［挿入＞グラフ］をクリックして、ウィンドウの［折れ線＞折れ線］を選択する（図22-2）。

図 22-2 ⬡ 「折れ線グラフ」を選択する

手順①

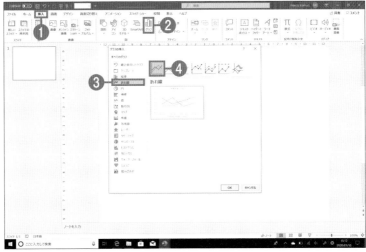

［❶挿入＞❷グラフ＞❸折れ線＞❹折れ線］を選択。

「エクセル・データ」を取り込む

次に、「エクセル・データ」を取り込みます。

〈「エクセル・データ」を取り込む手順〉
　手順② **パソコンに保存しているエクセル・データを立ち上げる（図22-3）。**
　手順③ **エクセル上のデータを、パワポ内蔵のエクセルにコピペする（図22-4）。**
　手順④ **「折れ線グラフ」にデータが反映される（図22-5）。**

　ご覧のように、パワポ内蔵エクセルの「A列」のデータが、折れ線グラフの横軸に反映され、「B〜D列」のデータが「折れ線」（縦軸）として表示されます。「シンプル・グラフ」が鉄則ですから、「A列（グラフの横軸）」に入力するデータは、必要不可欠なものだけに絞るようにしてください。

図 22-3　　パソコンに保存している「エクセル・データ」を立ち上げる

手順②

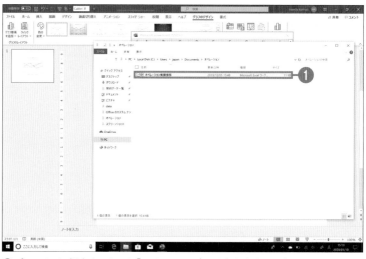

❶パソコンに保存している「エクセル・データ」を立ち上げる。

図 22-4 「もとデータ」から「パワポ内蔵エクセル」にコピペ

手順③

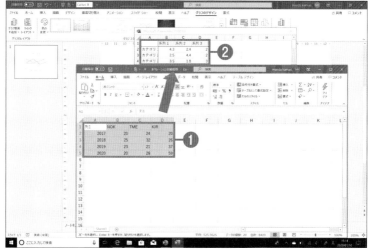

[❶もとデータ]から[❷パワポ内蔵エクセル]に、データをコピペする。

図 22-5 「折れ線グラフ」にデータが反映される

手順④

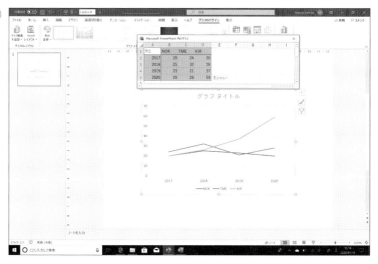

⊙「左グラフ」にして、「凡例」「罫線」などをカット

　次に、「左グラフ、右メッセージ」の形にするために、折れ線グラフを左半分のスペースに収まるように移動・変形するとともに、「凡例」「罫線」「縦軸の目盛り数字」など不要な要素はカットします（なお、［グラフのデザイン＞グラフ要素を追加］で、カットした要素を復活させることができます）。

〈「左グラフ」にする＋「不要な要素」をカットする手順〉
　手順⑤　スライドの左上に折れ線グラフを移動させ、グラフが左半分の
　　　　　スペースに大きく表示されるように調整する（図22-6）。
　手順⑥　「凡例」と「縦軸」のボックスを選択して削除（図22-7）。
　手順⑦　「目盛りの罫線（ラダー）」のどれか一本をワンクリックすると、
　　　　　すべてのラダーが選択されるので、そのまま一括削除（図22-8）。

図 22-6　「折れ線グラフ」を左側に寄せる

手順⑤

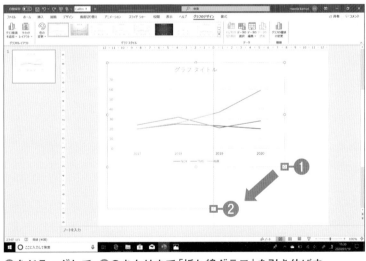

❶をドラッグして、❷のあたりまで「折れ線グラフ」を引き伸ばす。

図 22-7 ⋮ 「凡例」「縦軸」を削除する

手順⑥

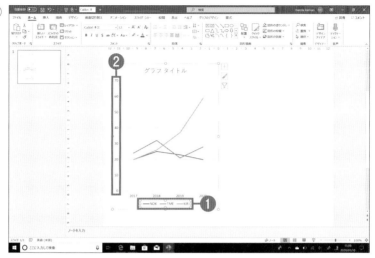

❶「凡例」を選択して削除。❷「縦軸」を選択して削除。

図 22-8 ⋮ 「ラダー」を一括削除する

手順⑦

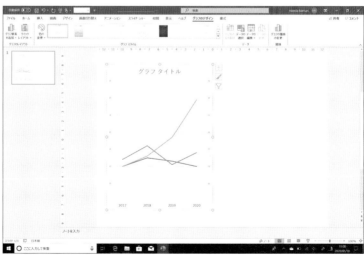

どれか1つのラダーをワンクリックすると、ラダーが全選択されるので一括
削除。

折れ線の「太さ」を調整する

　余計な要素をすべてカットしたら、強調したい「折れ線」を太くします。

　この折れ線グラフで重要なのは、オペレーション数が大幅に増えているKIRの「折れ線」ですから、その1本だけを太くします。それ以外の「折れ線グラフ」は、そのままでOKです。

〈「折れ線」を太くする手順〉

手順⑧　**強調したい「折れ線」を選択（図22-9）。**

手順⑨　**右クリックをして、メニューの「データ系列の書式設定」を選択（図22-10）。**

手順⑩　**［データ系列の書式設定＞塗りつぶしと線＞線＞幅］の数値を、だいたいの感覚で調整する（図22-11）。**

図 22-9　強調したい「折れ線」を選択

手順⑧

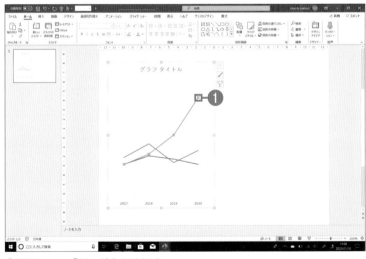

❶強調したい「折れ線」を選択する。

160

図 22-10 「データ系列の書式設定」を選択する

手順⑨

選択した「折れ線」を右クリックして、メニューの[❶データ系列の書式設定]を選択。

図 22-11 強調したい「折れ線」を太くする

手順⑩

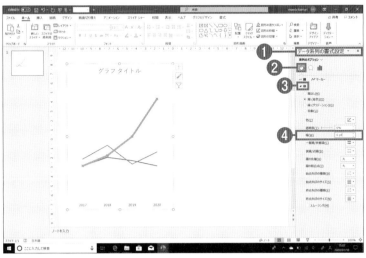

[❶データ系列の書式設定＞❷塗りつぶしと線＞❸線＞❹幅]で太さを調整。

「折れ線」のカラーを調整（グレーアウト＋着色）

次に、「折れ線」のカラーを調整します。

折れ線グラフは、強調したい「折れ線」にのみカラーを塗り、それ以外は
グレーアウトすると非常に見やすくなります（ただし、他社との比較をする
折れ線グラフでは、それぞれの企業のコーポレートカラーを使用することも
あります）。また、このスライドは、「オペレーション実績向上」というポジ
ティブ情報を伝えるものなので、強調したい「折れ線」に青を塗ります。

〈「折れ線」のカラーを調整する手順〉

手順⑪ 強調したい「折れ線」を選択したまま、[データ系列の書式設定＞
塗りつぶしと線＞線＞色] で青を選択する（図22-12）。

手順⑫ 別の「折れ線」を選択して、[線＞色] でグレーを選択（図22-13）。

手順⑬ 最後の「折れ線」も同様にグレーに変える（図22-14）。

図 22-12 強調したい「折れ線」を青にする

手順⑪

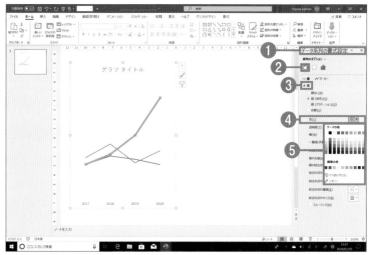

強調したい「折れ線」を選択したうえで、[❶データ系列の書式設定＞❷塗
りつぶしと線＞❸線＞❹色] をクリック。❺で青を選択。

図 22-13 ▸ 2本目の「折れ線」をグレーにする

手順⑫

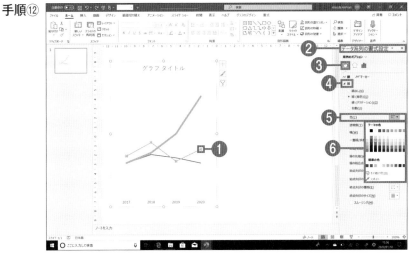

❶の「折れ線」を選択。[❷データ系列の書式設定>❸塗りつぶしと線>❹線>❺色]。❻でグレーを選択。

図 22-14 ▸ 3本目の「折れ線」をグレーにする

手順⑬

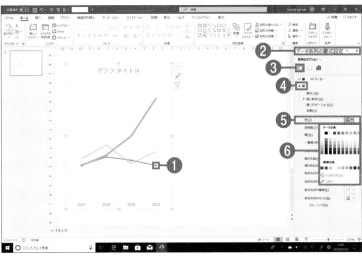

❶の「折れ線」を選択。[❷データ系列の書式設定>❸塗りつぶしと線>❹線>❺色]。❻でグレーを選択。

「データラベル（数字）」を設定する

　続いて、「折れ線」の「データラベル（数字）」を設定しますが、ここで注意していただきたいことがあります。「折れ線グラフ」に特有のポイントが2つあるのです。【図22-1】を参照しながら、以下を読んでください。

　第1のポイントは、それぞれの「折れ線」の“お尻”に「KIR59件」などと大きく表示していることです。こうすることで、それぞれの「折れ線」の意味がわかりやすくなるとともに、それぞれの直近の「数字」も把握できるわけです。
　なお、強調する「折れ線」の“お尻”の数字は、フォントサイズを拡大したうえで、青を塗って目立つようにします。

　第2のポイントは、すべてのデータラベルを設定するのは、強調する「折れ線」だけということです。他の「折れ線」のデータラベルもすべて表示すると、グラフがゴチャゴチャになってわかりにくくなるからです。
　なお、データラベルは見やすいように、折れ線の「上」に表示するようにしてください。以上を踏まえて、次の手順でデータラベル（数字）を設定していきます。

〈「データラベル」を設定する手順〉
　手順⑭　強調する「折れ線」を選択。右クリックして、メニューの「データラベルの追加」を選択する（図22-15）。
　手順⑮　表示された「データラベル」の1つをワンクリックして、「データラベル」を全選択。フォントを「HGP創英角ゴシックUB」に変更するとともにフォントサイズを拡大。さらに、右クリックして、メニューの「データラベルの書式設定」を選択。［データラベルの書式設定＞ラベルオプション＞ラベルの位置］の「上」をチェック（図22-16）。

図 22-15 強調する「折れ線」に「データラベル」を設定

手順⑭

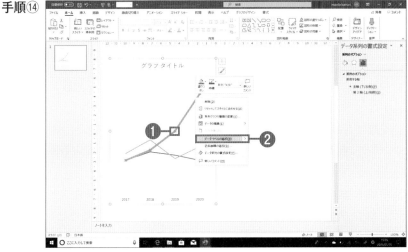

❶の「折れ線」を選択して右クリック。[❷データラベルの追加]を選択。

図 22-16 「データラベル」の位置を修正する

手順⑮

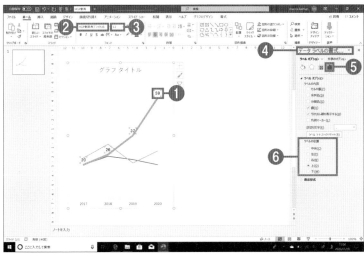

❶データラベルを全選択。[❷フォント][❸フォントサイズ]を変更。[❹データラベルの書式設定＞❺ラベルオプション＞❻ラベルの位置]の「上」を選択。

続いて、「折れ線」の "お尻" の数字を挿入します。この数字は、配置場所を自由に設定できるように、「データラベル」ではなく、テキストボックスで作成するほうがよいでしょう。

〈「データラベル」を設定する手順〉

手順⑯　**右端の「データラベル」のみを選択したうえで削除する（図 22-17）。**

手順⑰　**「折れ線」の "お尻" にテキストボックスを設定し、「KIR59件」と入力。フォントサイズを拡大し、フォントカラーを青に設定する（図22-18）。**

手順⑱　**他の「折れ線」の "お尻" にも、同様の手順でテキストボックスを設定。ただし、フォントカラーはグレーにするとともに、フォントサイズは比較的小さくする（図22-19）。**

図 22-17　▶ 右端の「データラベル」を削除する

手順⑯

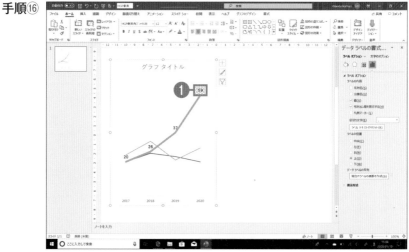

❶のデータラベルのみを選択して削除。

図 22-18 ▶ 折れ線の"お尻"に「テキストボックス」を設定

手順⑰

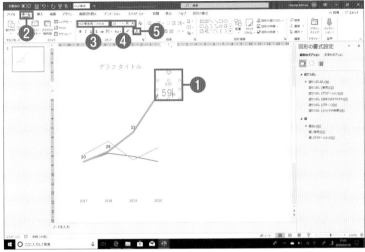

❶テキストボックスに入力。[❷ホーム]のリボンの[❸フォント][❹フォントサイズ][❺フォントの色]を調整。

図 22-19 ▶ 他の「折れ線」の"お尻"にもテキストボックスを設定

手順⑱

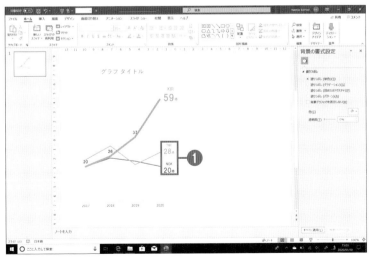

❶他の「折れ線」の"お尻"にもテキストボックスを設定。

スライドの「仕上げ」をする

　ここから、仕上げに入っていきます。まず、「グラフタイトル」「横軸」を変更したうえで、キーメッセージを入力した「テキストボックス」をスライドの右側に配置すれば、「折れ線グラフ」の完成です。

〈「仕上げ」の手順〉

　手順⑲　**「グラフタイトル」を書き換え、[フォント＞HGP創英角ゴシックUB]」[フォントサイズ＞拡大][枠線＞黒]に設定する（図22-20）。**

　手順⑳　**「横軸」のボックスを選択して、「HGP創英角ゴシックUB」に変更し、必要であればフォントサイズを大きくする（図22-21）。**

　手順㉑　**キーメッセージを入力する（図22-22）。**

図 22-20　「グラフタイトル」を編集する

手順⑲

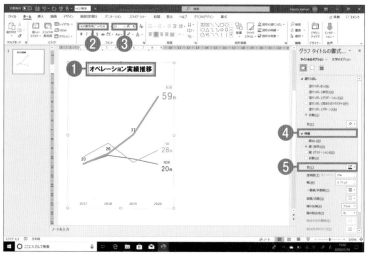

❶「グラフタイトル」を書き換え。[❷フォント＞HGP創英角ゴシックUB] [❸フォントサイズ＞拡大]にして、[❹枠線＞❺色]で黒に設定。

図 22-21 ▶ 「横軸」を編集する

手順⑳

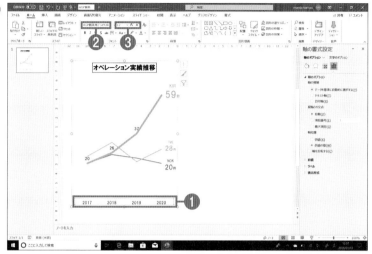

❶「横軸」を選択し、[❷フォント＞HGP創英角ゴシックUB]にしたうえで、必要であれば[❸フォントサイズ]を拡大する。

図 22-22 ▶ キーメッセージを入力する

手順㉑

「円グラフ・スライド」をつくる

「円グラフ・スライド」のゴール・イメージ

　ここでは、「円グラフ・スライド」をつくっていきます。

　まず、ゴール・イメージを共有しましょう。【図23-1】をご覧ください。これは、ある商品の購入年齢層の割合を示す円グラフを示しつつ、30代購入者が過半数を超えることを伝える社内プレゼンのスライドです。

　ご覧のとおり、「左グラフ、右メッセージ」「見せたい部分以外はグレーアウト」「ポジティブ・スライドだから、見せたい部分を青で強調」など、Lesson20

図 23-1 ▶ 「円グラフ・スライド」のポイント

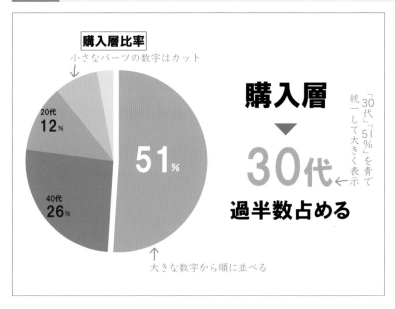

でお伝えした「グラフ・スライド」の鉄則が守られており、非常にわかりやすいスライドになっています。

「円グラフ」に特有の3つのポイント

「円グラフ」に特有の3つのポイントがあります。

　第1のポイントは、「30代」「51％」という、このスライドが最も伝えたい数字の配置場所にあります。

「30代」はキーメッセージのなかに記し、「51％」は円グラフのなかに記していますが、こうすることで、「30代」「51％」という重要な2つの数字を、より大きく見せることができます。2つの数字を離れた場所に置いても、両者が同じ青で塗られているために、見た瞬間に「30代が51％」であることを理解することができるのです。

　第2のポイントは、円グラフが、「10代→20代→30代」という年代順ではなく、「51％→26％→12％」と回答者比率の高い順に並んでいることです。これには、2つの意味があります。

　まず、「51％」のパーツを、キーメッセージに最も近い場所にもってくることができるために、キーメッセージの「30代」との連動性を生み出すことができること。そして、「どの世代の購入者が多いのか？」を把握しやすいことです。

　第3のポイントは、グレーアウトされているパーツが、グレーのグラデーションで表現されていることです（数値が多い順に、「濃いグレー」から「薄いグレー」へと遷移させます）。こうすることで、「51％」のパーツを際立たせるとともに、それぞれのパーツの領域も明示することができます。

　また、面積の小さい2つのパーツのテキスト・数字を省くことで、グラフ全体をすっきりとシンプルに見せています。ただし、詳細データを求められたときのために、すべてのデータを掲載したアペンディックスを用意するのを忘れないようにしてください。

⚫「円グラフ」を立ち上げ、「データ」を取り込む

　以上のポイントを踏まえながら、【図23-1】の「円グラフ・スライド」を
つくっていきましょう。まず、「円グラフ」を立ち上げて、「エクセル・デー
タ」を取り込みます（手順は「棒グラフ」「折れ線グラフ」と同じ）。なお、
「棒グラフ」と同じく、「3-D」は使用NGですのでご注意ください。

〈「円グラフ」立ち上げ＋「エクセル・データ」を取り込む手順〉
　手順① [挿入>グラフ] をクリックして、ウィンドウの [円>円] を選
　　　　択する（図23-2）。
　手順② パソコンに保存しているもとデータを、パワポ内蔵のエクセル
　　　　にコピペする（図23-3）。
　手順③ 「円グラフ」にデータが反映される（図23-4）。

図 23-2　▶「円グラフ」を選択する

手順①

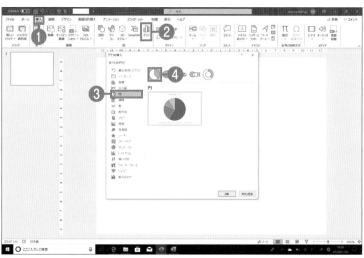

[❶挿入>❷グラフ>❸円>❹円]を選択する。

図 23-3 ▶ もとデータを「パワポ内蔵エクセル」にコピペ

手順②

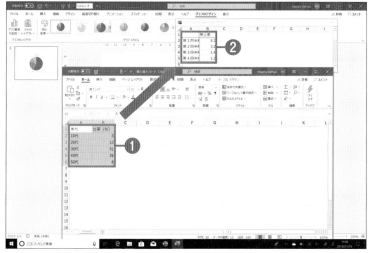

❶のもとデータを❷の「パワポ内蔵エクセル」にコピペする。

図 23-4 ▶ 「円グラフ」にデータが反映される

手順③

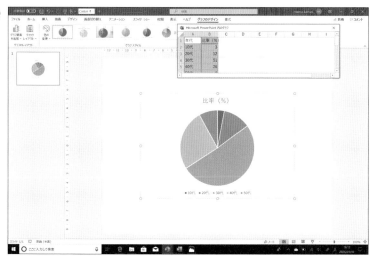

「円グラフ」を数値の大きい順に並び替える

　ここで、データを貼り付けたパワポ内蔵のエクセル・データに修正を加えます。

【図23-4】の円グラフをご覧いただければわかるように、このままでは、円グラフが「10代→20代→30代」と世代順に並んでしまうからです。そこで、パワポ内蔵のエクセル・データを並べ替えることによって、円グラフの並び順を修正します。

〈「円グラフ」の並び順を変える手順〉
　手順④　**パワポ内蔵エクセルのＢ列の数値部分を選択（図23-5）。**
　手順⑤　**エクセルの［データ＞降順］をクリック（図23-6）。**
　手順⑥　**エクセルに連動して円グラフの並び順が変更される（図23-7）。**

図 23-5 📊 並べ替える「エクセル・データ」を選択する

手順④

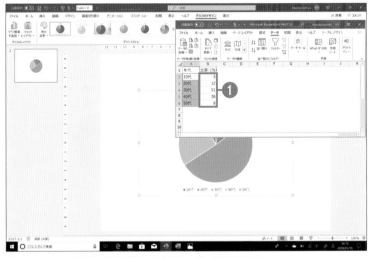

❶エクセルのＢ列の数値部分をドラッグで選択する。

図 23-6 ⋮ エクセルの[データ>降順]をクリック

手順⑤

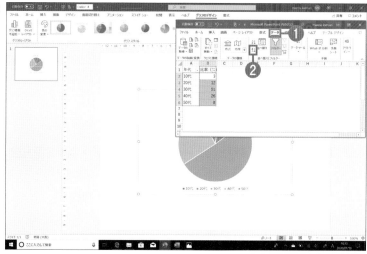

エクセルの[❶データ>❷降順]をクリック。

図 23-7 ⋮ エクセルに連動して円グラフの並び順が変更される

手順⑥

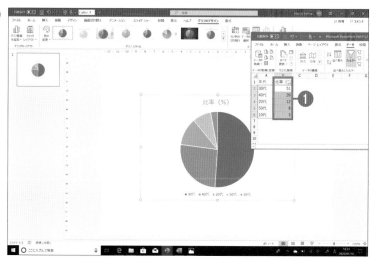

「エクセル・データ」が❶のように入れ替わるとともに、円グラフの並び順も変わる。

⬡「左グラフ」にして、「凡例」を消す

　次に、「左グラフ、右メッセージ」の形にするために、円グラフを左半分の
スペースに収まるように移動・拡大させます。さらに、パワーポイントにデ
フォルトで設定されている「凡例」をカットするとともに、「グラフタイト
ル」を修正します。

〈「左グラフ」にする＋「凡例」を消す手順〉
　手順⑦　**円グラフをスライド左上に移動させ、グラフが左半分のスペー
　　　　　スに大きく表示されるように調整する（図23-8）。**
　手順⑧　**「凡例」のボックスを選択したうえで、削除する（図23-9）。**
　手順⑨　**「グラフタイトル」を書き換える。ボックスを選択して、[フォ
　　　　　ント＞HGP創英角ゴシックUB][フォントサイズ＞拡大][フ
　　　　　ォントカラー＞黒][枠線＞黒]に設定（図23-10）。**

図 23-8 ▶ 「円グラフ」を左側に寄せる

手順⑦

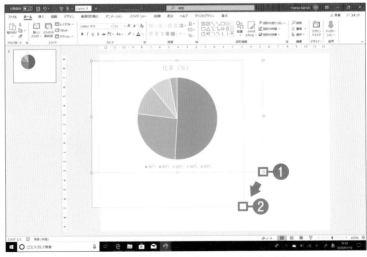

❶をドラッグして、❷のあたりまで円グラフを引き伸ばす。

図 23-9 ┊ 「凡例」を削除する

手順⑧

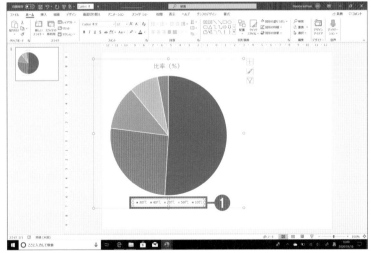

❶「凡例」のボックスを選択して削除。

図 23-10 ┊ 「グラフタイトル」を編集する

手順⑨

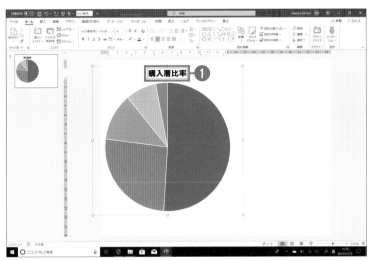

❶「グラフタイトル」を修正し、[フォント＞HGP創英角ゴシックUB][フォントサイズ＞拡大][フォントカラー＞黒][枠線＞黒]に設定。

「円グラフ」のカラーを調整（グレーアウト＋着色）

　続いて、「円グラフ」をさらにシンプルにするために「枠線」を消したうえ
で、カラーの調整をします。すでに述べたように、最も強調したいパーツの
み着色して、それ以外のパーツは「濃いグレー」から「薄いグレー」のグラ
デーションでグレーアウトします。

〈「円グラフ」のカラーを調整する手順〉
手順⑩　**「円グラフ」全体を選択したうえで右クリック。「データ系列の書式
　　　　設定」を選択して、[枠線＞線なし] にチェックを入れる（図23-11）。**
手順⑪　**「円グラフ」の最大パーツを選択。[データ要素の書式設定＞塗りつ
　　　　ぶし（単色）」にチェックし、「色」で青を選択（図23-12）。**
手順⑫　**同じ要領で、ほかのパーツを「濃いグレー」から「薄いグレー」の
　　　　順にカラーを選択して、グラデーションになるように調整（図23-13）。**

図 23-11 「円グラフ」の枠線を消す

手順⑩

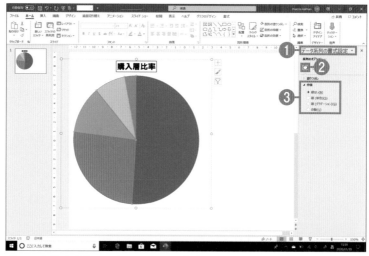

グラフ全体を選択し、右クリックで「データ系列の書式設定」を選択。[❶
データ系列の書式設定＞❷塗りつぶしと線＞❸枠線] で「線なし」を選択。

図 23-12 ▷ 最大パーツを青に変更する

手順⑪

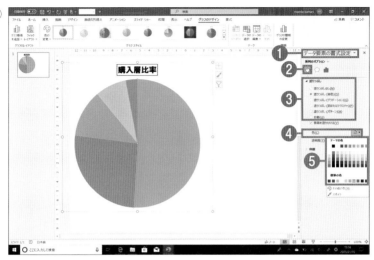

最大パーツを選択。[❶データ要素の書式設定>❷塗りつぶしと線>❸塗りつぶし]で「塗りつぶし(単色)」を選択。[❹色]を開いて、❺で青を選択。

図 23-13 ▷ 他のパーツを1つずつグレーに変換

手順⑫

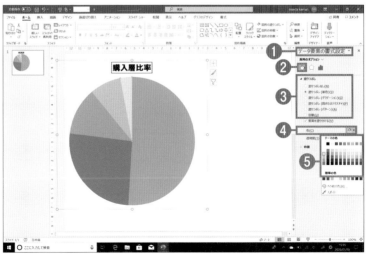

手順⑪と同じ要領で、その他のパーツを1つずつ、グラデーションになるようにグレーで塗る。

「データラベル（数字）」を設定する

続いて、次の手順で、「データラベル（数字）」を設定します。

〈「データラベル（数字）」を設定する手順〉
手順⑬ 「円グラフ」全体を選択したうえで右クリックをして、メニューの「データラベルの追加」を選択。表示された「データラベル」の1つをワンクリックして、「データラベル」を全選択。［フォント＞HGP創英角ゴシックUB］［フォントサイズ＞拡大］に設定する（図23-14）。
手順⑭ 最大パーツの「データラベル」のみを選択して、［フォントサイズ＞拡大］［フォントの色＞白］にする（図23-15）。
手順⑮ その「データラベル」のそばに、「%」のテキストボックスを設定する（図23-16）。

図 23-14 「データラベル」を設定する

手順⑬
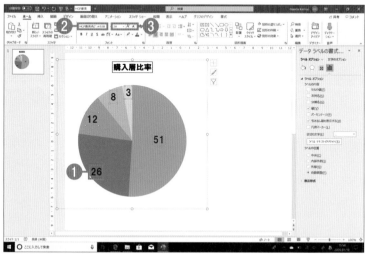
グラフ全体を選択したうえで右クリックして、「データラベルの追加」を選択。「データラベル」を全選択。［❷フォント］［❸フォントサイズ］を調整。

図 23-15 ▶ 「強調したい数字」を編集する

手順⑭

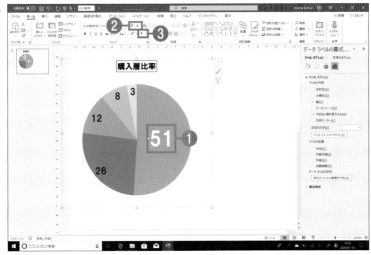

❶の「データラベル」を選択したうえで、[❷フォントサイズ>拡大][❸フォントの色>白]に設定。

図 23-16 ▶ 「%」を入力したテキストボックスを設定

手順⑮

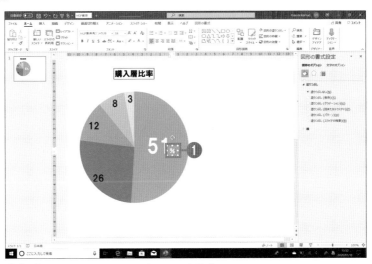

❶「%」を入力したテキストボックスを設定。

第3章 「グラフ・スライド」をマスターする　181

ここまでで、最大パーツの「データラベル」が完成しましたので、残りのパーツの「データラベル」を仕上げます。また、「最大パーツ」を円グラフ本体から少し切り離すことで、より一層際立たせます。最後に、キーメッセージを挿入したら、「円グラフ・スライド」の完成です。

〈「データラベル（数字）」を設定する手順〉
手順⑯ 他のパーツの「データラベル」のそばに、「属性」と「%」のテキストボックスを配置する（図23-17）。
手順⑰ 小さなパーツの「データラベル」を削除する（図23-18）。
手順⑱ 最大パーツをダブルクリックし、ドラッグして本体から少し切り離す（図23-19）。
手順⑲ キーメッセージを入力した「テキストボックス」を、スライドの右半分のスペースに配置する（図23-20）。

図 23-17 　その他のパーツにも「テキストボックス」を配置

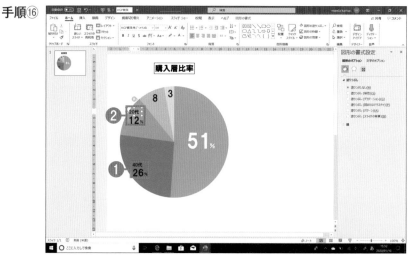

❶❷のように、「属性」「%」を入力したテキストボックスを配置。

図 23-18 ▶ 不要な「データラベル」を削除

手順⑰

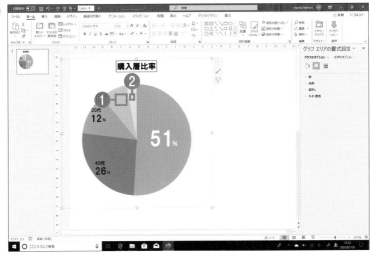

❶❷のように、小さなパーツの「データラベル」を削除。

図 23-19 ▶ 「最大パーツ」を円グラフ本体から切り離す

手順⑱

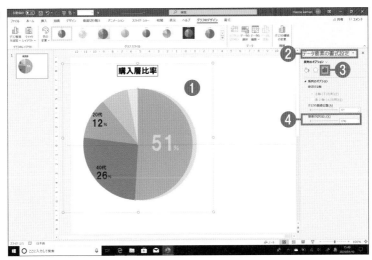

❶最大パーツをダブルクリックしてドラッグで切り離す。[❷データ要素の書式設定＞❸系列のオプション＞❹要素の切り出し]の数値調整でも可。

図 23-20 キーメッセージを入力する

手順⑲

パワポのデフォルト設定を"自分用"にカスタマイズする

 ## 「パワーポイント最速仕事術」の切り札

パワーポイントでは、「スライド・サイズ」「フォント」「カラー」などがデフォルト設定されていますが、それが必ずしも、自分の使いやすいものであるとは限りません。

たとえば、パワーポイントでは「游ゴシック」がデフォルト設定されていますが、私は、どんなシチュエーションでも読みやすい「HGP創英角ゴシックUB」をデフォルトのフォントとして使用しています。

そのため、テキストを打ち込むたびに、フォントを「HGP創英角ゴシックUB」に変更する手間がかかります。この手間も積み重なれば、かなりのものになりますし、いちいちフォントを変更するのは、面倒くさいというのが正直なところです。

そこで、私がおすすめしたいのが、自分がスライドをつくりやすい設定のテンプレートをつくることです。「スライド・サイズ」「フォント」「カラー」などの設定を"自分用"にカスタマイズしたテンプレートがあれば、いちいち「フォント」などを変更する手間とストレスを大幅に軽減してくれます。まさに、「パワーポイント最速仕事術」の"切り札"とも言えるものです。

ここでは、私が設定しているテンプレートをご紹介します。本書で推奨しているルールを反映したものですが、自分にとって最も使いやすいテンプレートは人それぞれですから、ここで紹介するテンプレートはあくまで参考にとどめて、みなさん1人ひとりに合った形でカスタマイズしていただければと思います。

⬢「スライド・サイズ」をデフォルト設定する

　では、早速、テンプレートをつくっていきましょう。

　まず、新規でパワーポイントを立ち上げて、[表示>スライドマスター]を選択します。「スライドマスター」が開くと、「サムネイル」の2枚目のスライドが選択されていますが、必ず1枚目のスライドを選択してください。そして、「スライドのサイズ」をよく使用するサイズのものに設定します。

〈「スライド・サイズ」をデフォルト設定する手順〉
手順① **新規でパワーポイントを立ち上げて、[表示>スライドマスター]を選択（図C3-1）。**
手順② **「スライドマスター」が表示される（図C3-2）。**
手順③ **「サムネイル」の1枚目のスライドを選択して、「スライドのサイズ」を「4:3」に設定（図C3-3）。**

図 C3-1 ⬩ 「スライドマスター」を開始する

手順①

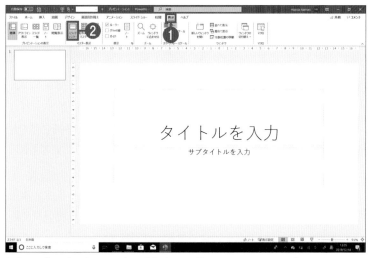

新規でパワポを立ち上げて、[❶表示>❷スライドマスター]を選択。

図 C3-2　「スライドマスター」が表示される

手順②

図 C3-3　「スライド・サイズ」を設定する

手順③

❶「サムネイル」で1枚目のスライドを選択。[❷スライドのサイズ]をクリックして、❸でよく使うサイズを選択。

「HGP創英角ゴシックUB」をデフォルト設定する

　次に、以下の手順で、「HGP創英角ゴシックUB」（または「メイリオ」）を
デフォルトに設定します。

〈よく使う「フォント」をデフォルト設定する手順〉

手順④　[スライドマスター＞フォント＞フォントのカスタマイズ] を選
　　　　択（図C3-4）。

手順⑤　表示されるウィンドウで「HGP創英角ゴシックUB」を選択し、
　　　　「名前」をつけて保存する（図C3-5）。

手順⑥　もう一度、[スライドマスター＞フォント] をクリックして、「ユ
　　　　ーザー定義」に、さきほど保存した名前で「HGP創英角ゴシッ
　　　　クUB」が表示されているのを確認する（図C3-6）。

図 C3-4　「HGP創英角ゴシックUB」を選択する

手順④

【❶スライドマスター＞❷フォント＞❸フォントのカスタマイズ】を選択。

手順⑤

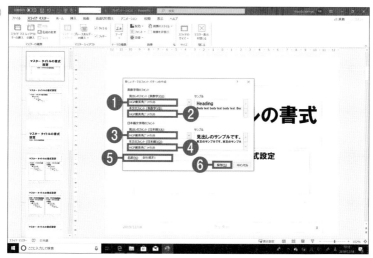

❶〜❹のすべてを「HGP創英角ゴシックUB」に設定。❺で名前をつけて、[❻保存]をクリック。

手順⑥

[❶スライドマスター＞❷フォント＞❸ユーザー定義]で❹のように保存されていることを確認。

オリジナルの「カラー」をデフォルト設定する

　続いて、よく使うカラーをデフォルト設定します。

　まず、［スライドマスター＞配色］メニューの最下部に表示される「色のカスタマイズ」を選択。表示されるウィンドウの「アクセント１」「アクセント２」に、モニターに投影されたときに鮮やかに映える青と赤をオリジナルで作成してデフォルト設定します。詳しい手順は、次のとおりです。

〈オリジナルの「カラー」をデフォルト設定する手順〉

手順⑦ ［スライドマスター＞配色＞色のカスタマイズ］を選択（図C3-7）。

手順⑧ 表示されるウィンドウの「アクセント１」のメニューを開いて、「その他の色」を選択する（図C3-8）。

手順⑨ ［カラーモデル＞RGB］を選択して、［赤0 緑0 青255］に設定する（図C3-9）。

図 C3-7 ▷「色のカスタマイズ」を立ち上げる

手順⑦

［❶スライドマスター＞❷配色＞❸色のカスタマイズ］を選択。

手順⑧

[①アクセント1>②その他の色]を選択。

手順⑨

[①カラーモデル：RGB ＞②赤0 緑0 青255]に設定。

次に、「アクセント2」を開いて、青と同様の手順で赤を設定。青と赤の2色の設定が終わったら、名前をつけて保存します。もう一度、［スライドマスター＞配色］を開いて、「ユーザー設定」に保存した名前でカラーパレットが表示されていることを確認できれば、カラーのデフォルト設定も完了です。

〈オリジナルの「カラー」をデフォルト設定する手順〉
手順⑩　［アクセント2＞その他の色］を選択して、［カラーモデル＞RGB］を選択したうえで、［赤255 緑0 青0］に設定する（図C3-10）。
手順⑪　名前をつけて保存する（図C3-11）。
手順⑫　［スライドマスター＞配色］の「ユーザー定義」に保存した名前でカラーパレットが表示されることを確認する（図C3-12）。

図 C3-10 ❖ オリジナルの「赤」を設定する

手順⑩

［❶カラーモデル：RGB ＞❷赤255 緑0 青0］に設定。

手順⑪

[❶名前]で名前をつけて、[❷保存]をクリック。

手順⑫

[❶スライドマスター＞❷配色＞❸ユーザー定義]で❹のように保存されていることを確認。

⬤「スライド番号」をデフォルト設定する

　続いて、「スライド番号」をデフォルト設定します。「スライドマスター」を開いたまま、[挿入>ヘッダーとフッター]を選択。表示されるウィンドウの「スライド番号」「タイトルスライドに表示しない」にチェックを入れて、「すべてに適用」をクリックすれば完了です。[スライドマスター>マスター表示を閉じる]を選択して、「スライドマスター」を終了します。

〈「スライド番号」をデフォルト設定する手順〉
　手順⑬ [挿入>ヘッダーとフッター>スライド]を選択する（図C3-13）。
　手順⑭ 「スライド番号」「タイトルスライドに表示しない」にチェックを入れて、「すべてに適用」をクリックする（図C3-14）。
　手順⑮ [スライドマスター>マスター表示を閉じる]を選択して、スライドマスターを終了する（図C3-15）。

図 C3-13 　「スライド番号」の設定ウィンドウを開く

手順⑬

[❶挿入>❷ヘッダーとフッター>❸スライド]を選択。

図 C3-14 「スライド番号」をデフォルト設定する

手順⑭

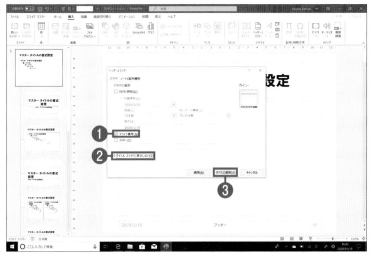

[❶スライド番号][❷タイトルスライドに表示しない]にチェックして、[❸すべてに適用]をクリック。

図 C3-15 「スライドマスター」を閉じる

手順⑮

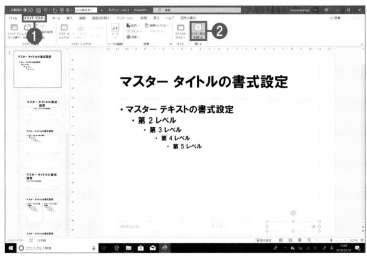

[❶スライドマスター＞❷マスター表示を閉じる]をクリック。

「テキストボックス」「図形」の設定をする

　さらに、「テキストボックス」と「図形」の設定をします。

　以下の手順で、テキストが「左揃え」「上揃え」で表示されるテキストボックスを作成するとともに、[図形の塗りつぶし＞なし][図形の枠線＞黒]に設定した図形を作成して、テンプレート保存しておきます。

〈使いやすい「テキストボックス」「図形」を設定する手順〉

手順⑯	「スライドマスター」を終了したら、デフォルト設定の２つの「テキストボックス」を消去。新規にテキストボックスを立ち上げて、「左揃え」「上揃え」に設定（図C3-16）。
手順⑰	描画した図形を[図形の塗りつぶし＞塗りつぶしなし][図形の枠線＞黒]に設定（図C3-17）。
手順⑱	図形を右クリックをして[規定の図形に設定]を選択（図C3-18）。

図 C3-16 ▶ 「テキストボックス」の形式を設定する

手順⑯

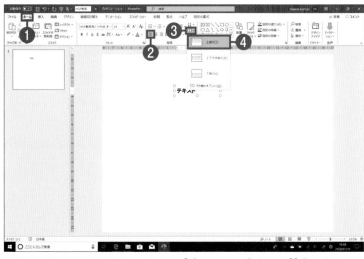

テキストボックスを選択したうえで、[❶ホーム＞❷左揃え][❸文字の配置＞❹上揃え]に設定。

手順⑰

描画した図形を選択したうえで、[❶ホーム>❷図形の塗りつぶし>❸塗りつぶしなし][図形の枠線>黒]を選択。

手順⑱

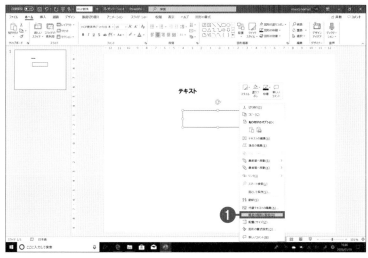

図形を選択したうえで右クリックして、[❶規定の図形に設定]を選択する。

◉「テンプレート」として保存する

　以上で、すべての設定が終了しました。

　ここまで設定した内容を、以下の手順で、デスクトップにテンプレートとして保存しておきましょう。それ以降、このテンプレートを立ち上げれば、"自分用"にカスタマイズされたスライドで、より効率的かつ快適にスライド作成を進めることができます。

〈「テンプレート」を保存する手順〉
手順⑲　[ファイル>名前を付けて保存]を選択。「デスクトップ」を選択し、任意の名前をつけたうえで、拡張子「PowerPointテンプレート(*.potx)」で保存する(図C3-19)。

図 C3-19 ▷ 「テンプレート」として保存する拡張子

手順⑲

[ファイル>❶名前を付けて保存]をクリック。[❷デスクトップ]の❸に名前を入力。[❹PowerPointテンプレート (*.potx)]を選択して[❺保存]。

第4章

「ビジュアル・スライド」を
マスターする

「画像」をスライドに取り込む

 「ドラッグ＆ドロップ」で画像を取り込む

　Lesson 2 でお伝えしたように、社内プレゼンは、意思決定者が「Yes」「No」を決断できるようにシンプルかつロジカルに構成することが求められますが、社外プレゼンでは、それに加えて、相手の「感情」「直感」に訴えるスライドをつくることが求められます。

　そして、「感情」「直感」を刺激するために重要なのが「画像」です。これを上手に活用できるかどうかで、プレゼンの効果には雲泥の差が生まれます。そこで、第4章では「画像」を活用した「ビジュアル・スライド」の効率的な作成法を説明していきます。

　最初に、スライドに「画像」を取り込む方法を説明します。

　主に、2つの方法があります。まず、パソコンに保存している「画像フォルダ」を立ち上げ、使用する「画像」をドラッグ＆ドロップでスライドに貼り付ける方法です（図24-1）。

　また、［挿入＞画像］をクリックすると、【図24-2】のように、画像を選択するウィンドウが開くので、そこで挿入したい画像を選んでクリックする方法もあります。

　私は、前者の方法が最も効率的だと思っています。

　何枚もの「ビジュアル・スライド」を作成する必要があるときにも、「画像フォルダ」を開きっぱなしにしておけば、ドラッグ＆ドロップで次々に「画像」を取り込んでいくことができるからです。とはいえ、これは「好み」の問題ですので、みなさんがやりやすい方法を選んでいただければOKです。

図 24-1 画像フォルダから「ドラッグ＆ドロップ」する方法

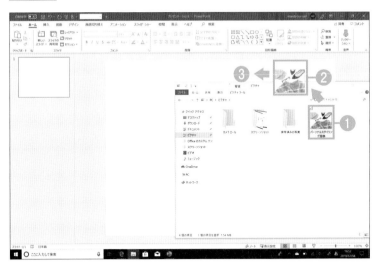

パソコンに保存している「画像フォルダ」を立ち上げる。使用する「画像」を
①～③のようにドラッグ＆ドロップで、スライドに貼り付ける。

図 24-2　[挿入＞画像]で表示されるフォルダで「画像」を選択する方法

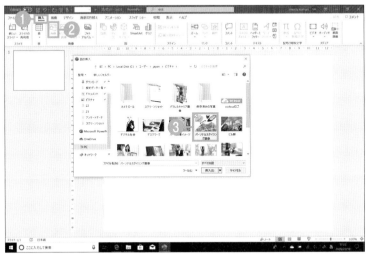

[①挿入＞②画像]をクリック。パソコンに保存している「画像フォルダ」を
選択して、フォルダ内の③の「画像」を選択する。

画像は「全画面表示」するのがベスト

　画像をスライドに取り込んだら、画像サイズを調整します。

　ここで重要なのは、できるだけ写真を大きく使うことです。【図24-3】を ご覧いただければ一目瞭然ですが、同じ写真でも大きく表示したほうが、明 らかに強いインパクトを与えます。

　ですから、ビジュアル・スライドは「全画面表示」を基本とするようにし てください。【図24-3】の②のように白枠を残すのは、もったいないのでNG です。横長の画像は、スライドいっぱいに表示するのを基本にしてください。

　また、写真の構図などの理由で、全画面表示ができない場合は、【図24-3】 の③のように画面半分（「ビジュアル＝左、メッセージ＝右」）にするとよい でしょう（このようなスライドのつくり方はLesson25参照）。

　なお、解像度の低い画像を全画面表示すると、画質の悪さが際立って興醒 めしますので、なるべく「1000px×1000px」以上の画像を使用しましょう。

図 24-3　画像は「全画面表示」でインパクトを出す

❶ 全画面表示のスライド

❷ 白枠を残したスライド

❸ 画面半分を使用したスライド

ビジュアル・スライドは、
「全画面表示」がベスト！

画像を一発で「全画面表示」にする方法

　前記のとおり、画像は全画面表示が基本ですから、それを前提に画像サイズの調整を行うと効率的です。私がよくやるのは、【図24-4】のように、スライドの①の場所に画像の「左上の角」を合わせてから、②の「○」をドラッグで移動させて拡大する方法です。こうすれば、1回の操作で全画面表示にすることができます（図24-5）。

　なお、【図24-4】の緑の四角で囲った「○」をドラッグすると、上下左右の比率が崩れるので、図形サイズを調整するときには、必ず四隅の「○」を使うようにしてください。ただし、これが可能なのは、「図の書式設定」で「縦横比を固定する」が選択されている場合ですのでご注意ください（図24-6）。

　また、画像を挿入すると自動的に表示される「デザインアイデア」のなかから、全画面表示を選択する方法もあります（Office365で追加された機能）。これが、最速の方法だと思いますので、ぜひご活用ください。

図 24-4 　画像を一発で「全画面表示」にする方法①

スライドの❶の場所に、画像の左上を合わせたうえで、❷の「○」をドラッグさせて画像を拡大。

図 24-5 ▶ 画像を一発で「全画面表示」にする方法②

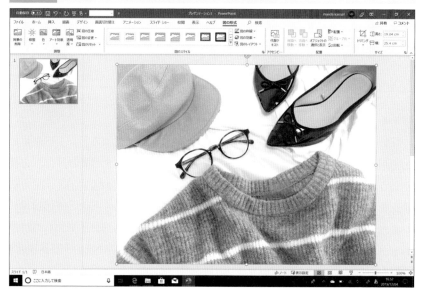

図 24-6 ▶ 「縦横比を固定する」に設定する

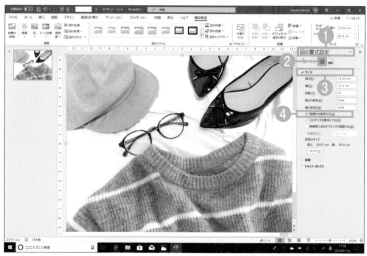

画像を選択して右クリックで「図の書式設定」を選択。[❶図の書式設定＞
❷サイズとプロパティ＞❸サイズ＞❹縦横比を固定する]にチェック。

画像を「トリミング」する

 トリミングで画像とスライドの「縦横比率」を合わせる

　Lesson24でお伝えしたように、ビジュアル・スライドは画像を「全画面表示」するのが基本です。ところが、取り込んだ画像の縦横比率とスライドの縦横比率が異なる場合があります。その場合には、画像サイズを調整する必要があります。ここで使用するのが「トリミング」の機能です。

【図25-1】をご覧ください。
　この画像は縦の寸法が足りないために、スライド・サイズと縦横比率が合

図 25-1 ⋮ **画像とスライドの縦横比率が合っていない**

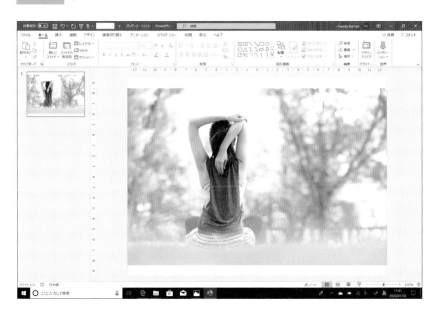

っていません。そのまま画像を拡大するとスライドからはみ出してしまいますから、以下のような手順でトリミングを施します。

〈「トリミング」をして全画面表示にする手順〉
　手順①　**画像を選択したうえで、[図の形式＞トリミング＞縦横比] で**
　　　　[横4:3] をクリック（図25-2）。
　手順②　**画像が「4:3」サイズにトリミングされる（図25-3）。**
　手順③　**画像以外の場所をクリックしてトリミングを終了（図25-4）。**

　なお、トリミングをせずに、画像がスライドからはみ出した状態であっても、スライドをモニターに投影すると、はみ出した部分は見えません。ですから、私は、画像がはみ出したままでスライド作成を進めることが多いのですが、慣れないうちはさまざまなミスの原因になりますから、少々面倒くさくても、スライドサイズにトリミングして作業を進めたほうが無難でしょう。

図 25-2　　スライドと同じ縦横比率にトリミングする

手順①
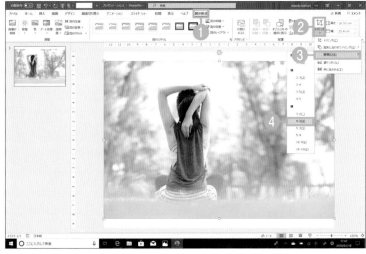
画像を選択したうえで、[❶図の形式＞❷トリミング＞❸縦横比＞❹横4:3]
をクリック。

図 25-3 画像が「4:3」サイズにトリミングされる

手順②

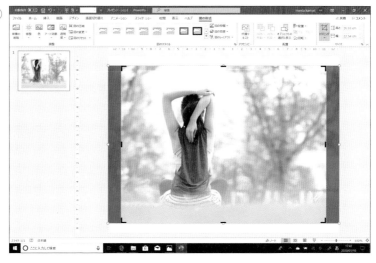

図 25-4 トリミングを終了する

手順③

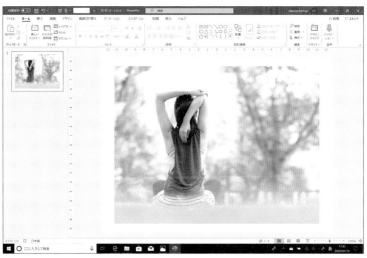

画像以外の場所をクリックすると、トリミングが外れる。

画像が「4:3」にトリミングできたら、Lesson24でお伝えしたように、画像をドラッグで移動させて、スライドの左上の角に画像の左上の角を合わせてから、画像を拡大すると効率的です。

〈「トリミング」をして全画面表示にする手順〉
　手順④　**画像をドラッグで移動させて、スライドの左上の角に、画像の左上の角を合わせる（図25-5）。**
　手順⑤　**画像の右下の「○」を右下に引き伸ばして、全画面表示にする（図25-6）。**
　手順⑥　**キーメッセージを入力してスライドが完成（図25-7）。**

図 25-5 ✂ スライドの左上の角に、画像の左上の角を合わせる。

手順④

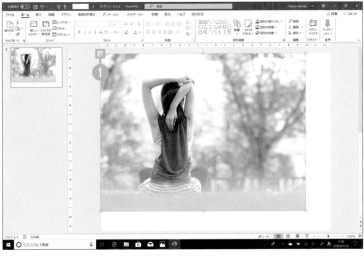

スライドの❶の部分に、画像の左上の角を合わせる。

図 25-6　スライド表示を拡大して「全画面表示」にする

手順⑤

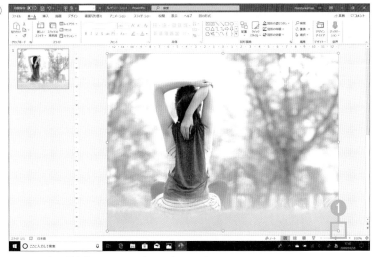

画像の❶の「○」を引き伸ばして全画面表示にする。

図 25-7　キーメッセージを入力する

手順⑥

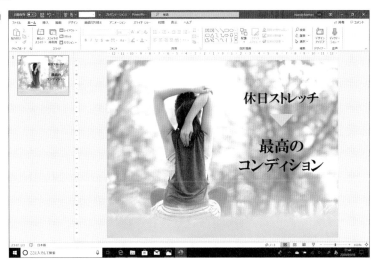

画像を「スライドの半分」にトリミングする

【図25-7】で、画像スライドが出来上がりましたが、画像のうえにテキストがかぶさっているために、キーメッセージが読みにくくなっています。

このような場合には、画像をスライドの半分にトリミングして、キーメッセージを配置する部分を「白地」にするとよいでしょう。手順は次のとおりです。

〈画像を「スライドの半分」にトリミングする手順〉
手順① 画像を選択したうえで、[図の形式＞トリミング] をクリック（図25-8）。
手順② 現在のトリミングが表示される（図25-9）。
手順③ "つまみ"をドラッグして、「スライドの半分」のサイズにトリミングする（図25-10）。

図 25-8 トリミングを開始する

手順①

画像を選択したうえで、[❶図の形式＞❷トリミング]をクリック。

図 25-9 現在のトリミングが表示される

手順②

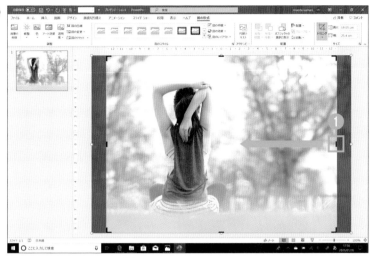

❶の"つまみ"をドラッグする。

図 25-10 「スライドの半分」のサイズにトリミングする

手順③

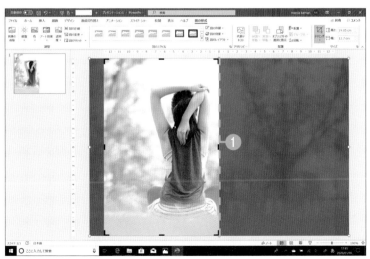

❶のようにルーラーを参照しながら「スライドの半分」にトリミングする。

【図25-10】で、「スライドの半分」のサイズにトリミングしましたが、そのサイズのなかで女性が少し「右」に寄りすぎていますね？　このような場合には、画像をドラッグで「左」にずらして、女性が左右中央に位置するように調整します。

〈画像を「スライドの半分」にトリミングする手順〉
　手順④　**画像をドラッグで「左」にずらして、女性が左右中央に位置するように調整する（図25-11）。**
　手順⑤　**キーメッセージを入力して「画像スライド」が完成（図25-12）。**

【図25-12】は、画像を全画面表示しないことで、インパクトは損なわれていますが、その代わりに、キーメッセージがくっきりと読めるようになっています。このように、全画面表示が難しい場合には、トリミングを上手に使って、「ビジュアル＝左、メッセージ＝右」のスライドをつくるとよいでしょう。

図 25-11　**画像をドラッグで「左」にずらす**

手順④

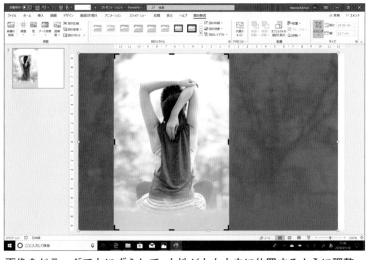

画像をドラッグで左にずらして、女性が左右中央に位置するように調整。

図 25-12　キーメッセージを入力する

手順⑤

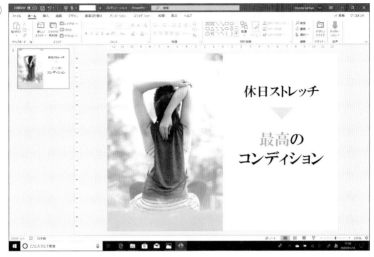

Lesson 26
「モノクロ」「セピア色」の画像をつくる

 ネガティブ・スライドは「モノクロ画像＋赤字（明朝）」

　社外プレゼンでは、画像を「モノクロ」「セピア色」にすることで、より相手の感情に訴えるスライドをつくることができます。

　まず、「モノクロ」から始めましょう。
【図26-1】のスライドをご覧ください。このように、「長時間労働」「サービス残業」「帰りづらさ」などのネガティブ・メッセージを伝える「ネガティブ・スライド」は、「モノクロ画像＋赤字（明朝）」の組み合わせが効果的です。

図 26-1 ▶ 「モノクロ・スライド」の例

画像に「リアリティ」を生むトリミング手法

　画像をモノクロにする手順を説明する前に、効果的なスライドをつくるコツをお伝えしたいと思います。

　実は、【図26-1】の画像は、もともとは【図26-2】の①のような画像です。しかし、このようなメッセージ性のあるスライドの場合には、顔全体が見えないほうが「リアリティ」や「普遍性」が生まれますので、口元だけが見えるようにトリミングしています（【図26-2】の②③）。非常に効果的な画像の使い方ですので、ぜひ、参考にしていただきたいと思います。

図 26-2 　画像に「リアリティ」を生むトリミング手法

❶ もとの画像

❷ 顔を隠すようにトリミング

❸ 顔を隠すようにトリミング

トリミングで顔を隠すと、
「リアリティ」「普遍性」が
生まれる！

画像を「モノクロ」にする

　では、【図26-2】の③のようにトリミングをした画像を「モノクロ」にする手順を説明します。

〈画像を「モノクロ」にする手順〉

手順① 画像を「4:3」にトリミングしたうえで、スライド表示を拡大する（図26-3）。

手順② 画像を選択したうえで、［図の形式＞色］をクリック。表示されるメニューの「色の彩度」のいちばん左（彩度0%）を選択すると、画像が「モノクロ」に変換される（図26-4）。

手順③ 「赤字（明朝）」のキーメッセージを入力すれば、「ネガティブ・スライド」の完成（図26-5）。

図 26-3 　画像のスライド表示を拡大する

手順①

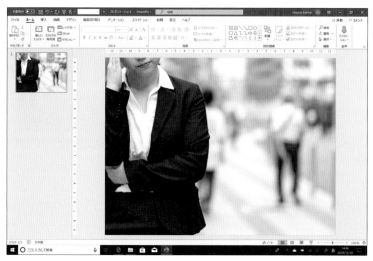

図 26-4 「モノクロ」に変更する

手順②

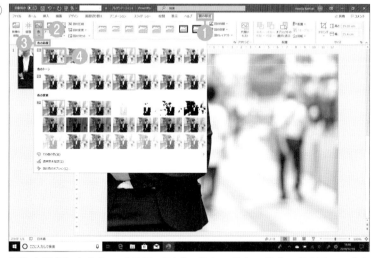

画像を選択したうえで、[❶図の形式＞❷色＞❸色の彩度＞❹彩度０％]を選択。

図 26-5 キーメッセージを入力する

手順③

画像を「セピア色」にする

次に、画像を「セピア色」にしてみましょう。

【図26-6】のスライドは、「60年前」を想起させることを意図したものですが、カラーの東京タワーでは全く説得力がありません。このような場合には、画像を「セピア色」にすることによって、「過去」のイメージや「懐かしい」という感情を喚起するとよいでしょう。

〈画像を「セピア色」にする手順〉
　手順① **画像を選択したうえで、［図の形式＞色］をクリック。表示されるメニューの「色の変更」の「セピア色」を選択すると、画像が「セピア色」に変換される（図26-7）。**
　手順② **「セピア色」のスライドが完成（図26-8）。**

図 26-6 　カラー画像では「説得力」がない

図 26-7 ❖「セピア色」に変更する

手順①

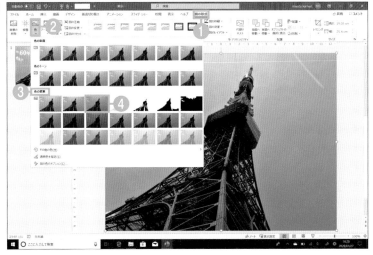

画像を選択したうえで、[❶図の形式＞❷色＞❸色の変更＞❹セピア色]を
選択。

図 26-8 ❖「セピア色」のスライドが完成

手順②

「透過スライド」をつくる

 テキストと画像を両立させる"秘策"

Lesson24でもお伝えしたように、「ビジュアル・スライド」をつくるときには、できるだけ画像を全画面表示で使用するようにします。ただし、【図27-1】のように、キーメッセージが背景画像とかぶってしまい、読みにくくなってしまうことがあります。

このようなときには、Lesson25でお伝えしたように、画像をスライドの左半分に表示して、右半分の「白地」のスペースにキーメッセージを置く方法

図 27-1 キーメッセージが画像とかぶって読みづらい

もありますが、全画面表示でないために、どうしてもスライドのインパクト
は損なわれてしまいます。そこで、ご紹介したいのが「透過」という"秘策"
です。

「帯透過」と「全面透過」を使い分ける

「透過」には、【図27-2】の「①帯透過スライド」や「②全面透過スライド」
の２種類があります。このように、画像を「透過」させることによって、全
画面表示をしながら、キーメッセージをはっきりと読ませるわけです。

「帯透過」と「全面透過」の効力は、どちらも甲乙つけがたいものがありま
すので、スライドの特性に合わせて、どちらを選択するかはケースバイケー
スで判断するとよいでしょう。

図 27-2 「透過スライド」の例

❶「帯透過スライド」の例

❷「全面透過スライド」の例

画像を「透過」させて、
キーメッセージを
読みやすく！

「帯透過スライド」のつくり方

まず、【図27-2】の「①帯透過スライド」のつくり方を説明します。

〈「帯透過スライド」をつくる手順〉

手順① ［ホーム＞図形］で「正方形／長方形」を描画。［図形の塗りつぶし＞白］［図形の枠線＞なし］に設定したうえで、［図形の塗りつぶし＞塗りつぶしの色］を選択。（図27-3）。

手順② 表示された「色の設定」ウィンドウの最下部にある「透過性」を調整。ケースバイケースだが、ここでは「25%」に設定（図27-4）。

手順③ キーメッセージを入力したテキストボックスを配置すれば、「帯透過スライド」の完成（図27-5）。

図 27-3 図形を設定する

手順①

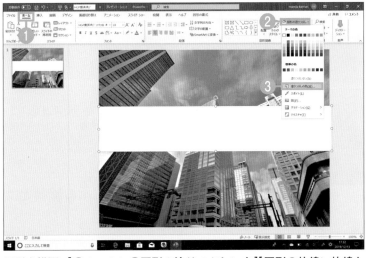

図形を描画。［❶ホーム＞❷図形の塗りつぶし＞白］［図形の枠線＞枠線なし］に設定したうえで、［❸塗りつぶしの色］を選択。

図 27-4 ░ 図形を「透過」する

手順②

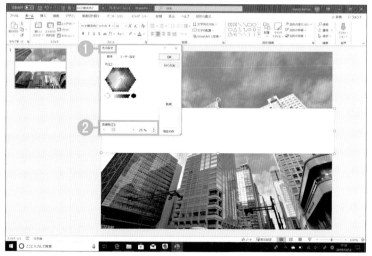

[❶色の設定＞❷透過性]を調整（ケースバイケースだが、ここでは「25%」に設定）。

図 27-5 ░ キーメッセージを入力する

手順③

「全面透過スライド」のつくり方

　次に、【図27-2】の「②全面透過スライド」をつくってみましょう。

　これには2つの方法があります。まず、「帯透過スライド」の「帯」を全画面に拡大する方法です。ただし、「正方形／長方形」を描画するところからつくり始めるのは手間なので、私は、次の手順で「全面透過」をする方法をおすすめします。

〈「全面透過スライド」をつくる手順〉
　手順① **画像を選択したうえで、[図の形式＞透明度]の「図の透明度のオプション」をクリック（図27-6）。**
　手順② **作業ウィンドウの「図の透明度」を調整。ケースバイケースだが、ここでは「50%」に設定（図27-7）。**
　手順③ **キーメッセージを入力する（図27-8）。**

図 27-6 ▶ 「画像の透明度」の調整を開始する

手順①

画像を選択したうえで、[①図の形式＞②透明度＞③図の透明度のオプション]をクリック。

図 27-7 「画像の透明度」を調整する

手順②

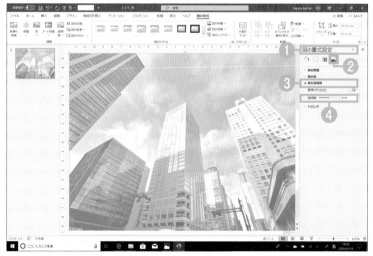

[❶図の書式設定＞❷図＞❸図の透明度＞❹透明度]を調整（ケースバイ
ケースだが、ここでは「50%」に設定）。

図 27-8 キーメッセージを入力する

手順③

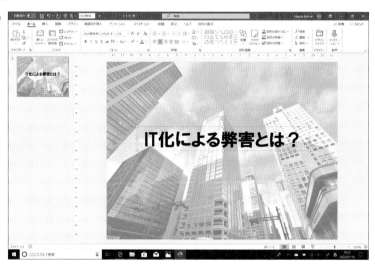

Lesson 28 「多画像スライド」をつくる

多画像スライドで「インパクト」と「説得力」を生む

Lesson24でお伝えしたように、「ビジュアル・スライド」では画像を全画面表示するのが基本ですが、要所要所で、【図28-1】の②のような、多くの写真を使ったスライドを挟むのも効果的です。ケースバイケースですが、1回のプレゼンで1〜2枚が上限と考えていただければよいでしょう。

私は、これを「多画像スライド」と呼んでいますが、大きく3つの効果が期待できます。第1に、スライドにインパクトが生まれます。第2に、【図28-1】のように「多様な働き方」というキーメッセージのスライドで、①のように

 図 28-1 「多画像スライド」の例①

❶ キーメッセージに説得力がない

NG!

多様な働き方

❷ 説得力があるスライド

great!

多様な働き方

要所で
「多画像スライド」を使うと、
インパクトが増す!

1枚の写真だけでは「多様な」というイメージに説得力を持たせることができません。このような場合には、「多画像スライド」にすると説得力をもたせることができます。

多画像スライドで「幅広い人」に訴える

　第3に多画像スライドには、幅広い人にアピールするという効果もあります。【図28-2】は、旅行会社が「台湾旅行」をPRする社外プレゼン資料。どちらも「台湾旅行」を想起させるスライドにはなっていますが、写真1枚の①よりも、多画像の②のほうが多くの人の興味を惹くことは明らかです。

　なぜなら、お客様が旅行に求めるものは多様だからです。ある人は「食」に興味があり、ある人は「観光」に興味があります。だから、台湾の魅力を多面的に示したほうが、より多くのお客様の興味を惹きつけることができるわけです。

図 28-2 ▶「多画像スライド」の例②

❶ 一部の人にしかアピールできない

❷ 幅広い人にアピールできる

多画像で
「観光」「食」など、
台湾の魅力を多面的に
伝えるほうが効果的！

「多画像スライド」のつくり方

では、「多画像スライド」をつくってみましょう。

画像が多いので手間がかかりそうですが、次のような手順で、「配置」機能を上手に使えば、効率的に作成することができます。

〈「多画像スライド」をつくる手順〉
手順① **スライド上部に、だいたいの感覚で3枚の画像を並べる（図28-3）。**
手順② **[Ctrl＋A]で3枚の画像を全選択したうえで、[ホーム＞配置＞配置＞下揃え]で3枚の画像の下のラインを揃える（図28-4）。**
手順③ **スライド下部にも、だいたいの感覚で画像を並べ、ドラッグで3枚の画像を選択。[ホーム＞配置＞配置＞上揃え]で上のラインを揃える（図28-5）。**

図 28-3 ❖ スライド上部に3枚の画像を並べる

手順①

❶スライド上部に、3枚の画像をだいたいの感覚で並べる。

図 28-4 3枚の画像を綺麗に並べる

手順②

[Ctrl＋A]で3枚の画像を選択したうえで、[❶ホーム＞❷配置＞❸配置＞❹下揃え]で下のラインを揃える。

図 28-5 スライド下部に3枚の画像を並べる

手順③

スライド下部にも3枚の画像を並べ、ドラッグで全選択。[❶ホーム＞❷配置＞❸配置＞❹上揃え]で上のラインを揃える。

このように「配置」機能で画像を並べると、【図28-6】のように、画像の下にスペースができてしまうことがあります。このような場合には、適宜、画像サイズを大きくして、スペースを埋めるようにします。なお、スライドからはみ出した部分については、トリミングでカットしてもよいですが、そのままでも問題ありません（私は、そのままにします）。

最後に、キーメッセージを入力したら、「多画像スライド」の完成です。

〈「多画像スライド」をつくる手順〉
手順④ **画像の下にスペースができた場合には、適宜、画像サイズを調整して、スペースを埋める（図28-6）。**
手順⑤ **キーメッセージを入力する（図28-7）。**

図 28-6 ▶ 画像サイズを調整してスペースを埋める

手順④

❶のようなスペースができることがあるので、その場合には、❷のように画像サイズを大きくして、スペースを埋めます。

図 28-7　キーメッセージを入力する

手順⑤

Column 4　最速で「ショートバージョン」をつくる

●「非表示」設定でショートバージョンをつくる

　プレゼン資料は、「状況」に合わせて変える必要があります。

　つまり、あるテーマのプレゼン資料を完成させても、いつでもどこでも、その「フルバージョン」の資料を使えるわけではないということです。「状況」に合わせて、プレゼン資料をカスタマイズする必要があるのです。

　たとえば、私がソフトバンクに在籍していたころは、とにかく忙しい上司ばかりですから、会議を中座して次のアポイントに向かってしまうことがしばしばありました。

　そんなときには、廊下を足早で歩く上司を追いかけて、タブレットでプレゼン資料を見せながら、「1分プレゼン」で企画のGOサインをもらったものです。そのような事態がありうると想定したうえで、「フルバージョン」のプレゼン資料を短縮化した「1分バージョン」を用意していたのが、功を奏したわけです。

　これは、社外プレゼンでも同じです。

　商談会などで大人数を前に新商品をPRする「フルバージョン」のプレゼン資料をつくったとしても、個別の企業を訪問して営業するときに、その「フルバージョン」のプレゼン資料を使えるとは限りません。営業相手から与えられたプレゼン時間が短ければ、それに合わせて「ショートバージョン」をつくらなければならないのです。

　そして、「ショートバージョン」をつくるときに重宝するのが、重要性の低いスライドを「非表示スライド」に設定する機能です。重要性の低いスライドを削除して、「ショートバージョン」として保存する方法もありますが、ス

ライドそのものは残したまま「非表示」設定するほうが便利です。

　なぜなら、スライドを削除したファイルを保存したあとに、そのスライド
を元に戻したいと思ったときに作業が面倒だからです。

　また、所要時間30分の「フルバージョン」の「５分バージョン」をつくっ
たあとに、「10分バージョン」をつくる場合には、もう一度「フルバージョ
ン」から「10分バージョン」をつくるよりも、「５分バージョン」の「非表
示」をはずして「10分バージョン」にするほうが、はるかに効率的です。

　このように、「ショートバージョン」をつくるときには、「非表示スライド」
機能を使うのが正解なのです。

⊛ 「非表示スライド」に設定する方法

「非表示スライド」に設定するのは簡単です。

　まず、【図C4-1】のように、「サムネイル」で、非表示に設定したいスライ

図 C4-1 ⟫ 「非表示スライド」に設定する方法

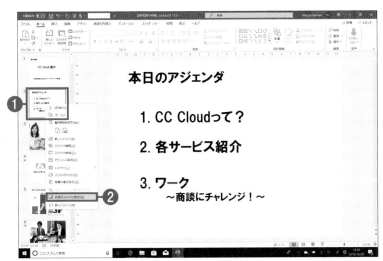

本日のアジェンダ

1. CC Cloudって？

2. 各サービス紹介

3. ワーク
　　〜商談にチャレンジ！〜

「サムネイル」で❶のスライドを選択。右クリックをして[❷非表示スライドに
設定]をクリック。

非表示になると、❶のようにスライド番号に「＼」が表示されるとともに、スライドが薄く表示される。

ドを選択します。そのうえで、右クリックをして「非表示スライドに設定」を選択すれば完了です。「非表示」に設定されたスライドのスライド番号に「＼」が表示されますので、ここを見れば、「表示or非表示」を判別することができます【図C4-2】。

⚫ 「ショートカットキー」で最速化

ただ、この「非表示スライド」設定の作業は、「サムネイル」で行うよりも、【図C4-3】のように、スライド表示を「スライド一覧」にして行ったほうが効率的です。全体を俯瞰したほうが、「非表示」にすべきスライドか否かを判断しやすいからです。

ここで便利な機能を、2つご紹介しましょう。
まず、【図C4-3】をご覧ください。

❶を選択したうえで、[Shift＋左クリック]で❷を選択すると、スライドを連番で選択。[❸非表示スライドに設定]で、まとめて非表示設定できる。

　ここでは、スライド番号5〜7を連番で選択して、「非表示スライド」に設定しようとしています。

　このように連番でスライドを選択する場合には、スライド番号5のスライドを選択したうえで、スライド番号7のスライドを［Shift＋左クリック］で選択すると、自動的に6のスライドも選択されます。そして、3枚のスライドを選択したうえで「非表示」に設定すれば、5〜7を一挙に「非表示スライド」に設定することができます。

　また、【図C4-4】のように、バラバラのスライドを一挙に「非表示スライド」に設定する場合には、［Ctrl＋左クリック］で1枚ずつスライドを選択して、「非表示」に設定すればOKです。

　これらの機能を上手に使って、「ショートバージョン」を効率的につくるようにしてください。

❶～❺のスライドを1枚ずつ［Ctrl＋左クリック］で選択したうえで、［❻非表示スライドに設定］をクリックすると、まとめて非表示設定できる。

第5章

「アニメーション」
「画面切り替え」
をマスターする

「フェード」で注意を惹きつける

使えるアニメーションは「フェード」「ワイプ」

　この章では、アニメーションの設定方法をお伝えします。

　注意していただきたいのは、社内プレゼンでは、アニメーションをあまり多用しないようにすることです。いちいちアニメーションで表示すると、無駄に時間がかかりますし、真剣さが伝わらない場合もあります。決裁者は忙しいので、余計な演出をするよりも、最短の時間でプレゼンを終えることを重視したほうがよいでしょう。

　逆に、多くの聴衆を対象に行う社外プレゼンなどでは、相手の注意を惹きつけたり、"ワクワク感"を演出するために、アニメーションを積極的に活用する必要があります。

　ただし、あまり過剰なアニメーションは"興醒め"するだけですので、フワッとテキストや画像が浮かび上がる「フェード」や、横からテキストなどがスッと差し込まれる「ワイプ」を中心に活用するといいでしょう。特に、「フェード」は使い勝手のいいアニメーションなので、私は、「困ったらフェード」という感じで多用しています。

「フェード」で相手の注意を惹きつける

　ここでは「フェード」の設定方法を説明します。

　まず、「フェード」の活用イメージを共有しましょう。【図29-1】をご覧ください。これは、Lesson26で作成したスライドに「フェード」を施したものです。【図29-1】の⑦のすべてのテキストが表示されたスライドを、いきなり見せてしまうと、相手は、これからのトークの内容を把握できてしまうため、興味を薄れさせてしまいます。

図 29-1 ▶「フェード」の活用例

❶「画像」だけのスライド

❺2つ目のテキスト表示

❷「フェード」でテキスト表示

❻「フェード」でテキスト表示

❸1つ目のテキスト表示

❼3つ目のテキスト表示

❹「フェード」でテキスト表示

テキストを1つずつ
「フェード」で示しながら、
トークを展開すると
効果的!

そこで、①の画像だけのスライドを示したうえで、テキストを1つずつ見せながらトークを展開すれば、「次は何だろう？」と相手の興味を惹きつけ続けることができるわけです。

「フェード」を設定する

　では、「フェード」を設定する方法をお伝えします。

〈「フェード」を設定する手順〉
　手順① 3つのテキストボックスを［Ctrl＋左クリック］で選択（図29-2）。
　手順② ［アニメーション＞フェード］を選択。「アニメーションウィンドウ」を開く（図29-3）。
　手順③ 「アニメーションウィンドウ」の1番上の「長時間労働」を選択。「開始」が「クリック時」になっていることを確認（図29-4）。

図 29-2 3つのテキストボックスをすべて選択

手順①

3つのテキストボックスを［Ctrl＋左クリック］で選択する。

図 29-3　✦「フェード」を設定する

手順②

[❶アニメーション>❷フェード]を選択。❸「フェード」が設定される。[❹
アニメーションウィンドウ]をクリックして、作業ウィンドウを開く。

図 29-4　✦ 1番目のオブジェクトの「開始」を確認する

手順③

[❶アニメーションウィンドウ>❷長時間労働]を選択。[❸開始]が「クリッ
ク時」に設定されていることを確認する。

手順②で「フェード」を設定すると、3つのテキストボックスが同時に作動する設定になりますので、手順③以降で「開始」の設定を変更します。「開始」とは、何をきっかけにアニメーションを作動させるかを設定するものですが、私は、基本的にすべてクリックしたときに作動する「クリック時」にしています。本来は、3つまとめて「クリック時」にすればいいのですが、ここでは、機能説明のためにあえて1つずつ設定しました。また、手順⑥で設定する「継続時間」は、アニメーションが動き始めてから止まるまでの時間のことですが、私は基本的に、すべて「0.75〜1秒」に設定しています。

〈「フェード」を設定する手順〉
手順④ **2番目の「サービス残業」を[開始>クリック時]に変更（図29-5）。**
手順⑤ **3番目の「帰りづらさ」も同じ手順で変更（図29-6）。**
手順⑥ **「アニメーションウィンドウ」の3つのテキストボックスを、[Ctrl ＋左クリック]で選択。[継続時間>0.75〜1秒]に設定（図29-7）。**

図 29-5 ▶ 2番目のオブジェクトの「開始」を変更する

手順④

[❶アニメーションウィンドウ>❷サービス残業]を選択。[❸開始]が「直前の動作と同時」なので、❷を右クリックして[❹クリック時]に変更。

242

図 29-6 ▶ 3番目のオブジェクトの「開始」を変更する

手順⑤

[❶アニメーションウィンドウ>❷帰りづらさ]を選択。[❸開始]が「直前の動作と同時」なので、❷を右クリックして[❹クリック時]に変更。

図 29-7 ▶ 3つまとめて「継続時間」を設定する

手順⑥

[❶アニメーションウィンドウ]の3つのテキストボックスを、[Ctrl＋左クリック]ですべて選択(❷)。[❸継続時間>0.75〜1秒]に設定する。

Lesson 30

「ワイプ」でインパクトを生む

 ## インパクトを与えるなら「ワイプ」

　ここでは、「ワイプ」の設定方法をお伝えします。

　まず、「ワイプ」の活用イメージを共有しましょう。【図30-1】をご覧ください。画像だけのスライドに、左から右へ「デジタルトランスフォーメーション」というキーワードを「ワイプ」で差し込むことで、このキーワードを印象づけることを狙ったものです。

図 30-1 「ワイプ」の活用例

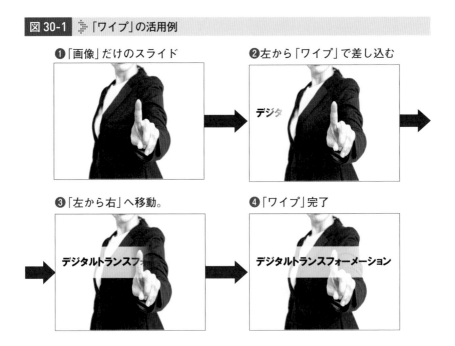

❶「画像」だけのスライド　❷左から「ワイプ」で差し込む

❸「左から右」へ移動。　❹「ワイプ」完了

⬤「ワイプ」を設定する

「ワイプ」で注意していただきたいのは、オブジェクトを「差し込む方向」です。このスライドのように、横書きのテキストを差し込むときには、「横書き（左から右）」と同方向の「左から右」で差し込むようにしてください。「目の流れ」に逆らう方向（右から左）に「ワイプ」でテキストを差し込むと、強い違和感を感じるからです。この点を踏まえて、次の手順で設定します。

〈「ワイプ」を設定する手順〉
手順① 図形とテキストボックスを「グループ化」する（図30-2）。
手順② グループ化したオブジェクトを選択して［アニメーション＞ワイプ］をクリック（図30-3）。
手順③ ［アニメーション＞効果のオプション＞左から］を選択（図30-4）。
手順④ ［アニメーション＞継続時間＞0.75〜1秒］に設定する（図30-5）。

図 30-2 図形とテキストボックスを「グループ化」する

手順①

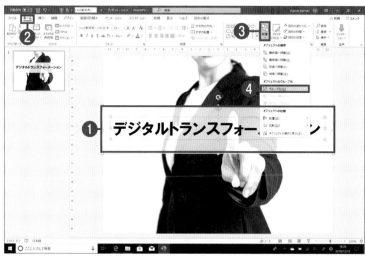

❶［Ctrl＋左クリック］で図形とテキストボックスを選択。［❷ホーム＞❸配置＞❹グループ化］をクリックする。

図 30-3　「ワイプ」を設定する

手順②

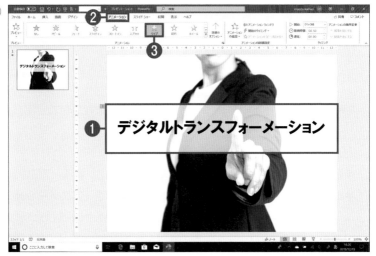

❶グループ化したオブジェクトを選択したうえで、[❷アニメーション＞❸ワイプ]を選択。

図 30-4　「左から」に設定する

手順③

[❶アニメーション＞❷効果のオプション]で「左から」に設定。

図 30-5 ❘ 「継続時間」を変更する

手順④

[❶アニメーション＞❷継続時間]を「0.75～1秒」に設定。[❸開始]は「ク
リック時」にデフォルト設定されているので、このままでOK。

ワイプで「めくりスライド」を つくる

 「めくりスライド」で"ネタバレ"を防ぐ

Lesson30で、「ワイプ」と、その設定方法についてご説明しましたが、ここでは、「ワイプ」の別の使用法をご紹介します。私が「めくりスライド」と命名した手法です。

【図31-1】をご覧ください。

このスライドは、ある企業の「4つの新規事業戦略」を示すものですが、いきなり⑧のスライドを示してしまうと、完全に"ネタバレ"した状態でトー

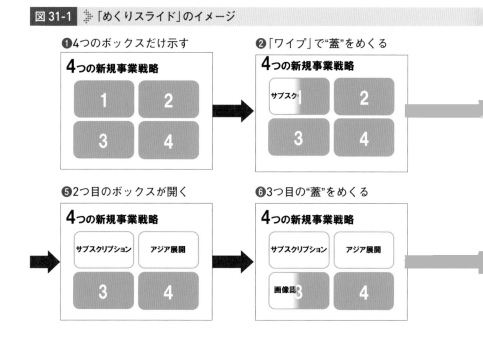

図 31-1 「めくりスライド」のイメージ

クをすることになります。それでは、相手の興味を惹きつけることはできません。

そこで、まず①のように、4つのボックスだけが表示され、中身のわからないスライドを示したうえで、1つずつ「ワイプ」機能を使って「めくり」ながらトークを進めていきます。

このようにすれば、"ネタバレ"を防ぐことができますから、「次の戦略は何だろう？」と相手の興味を惹きつけ続けることができます。その結果、プレゼン内容を相手に印象付けることができるわけです。非常に効果的なプレゼン手法なので、ぜひご活用いただきたいと思います。

◉「めくりスライド」のオブジェクトを作成する

では、早速、この「めくりスライド」をつくっていきましょう。

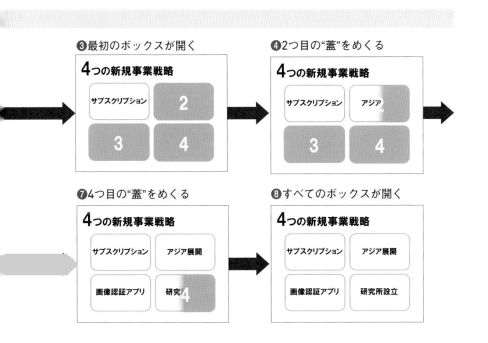

まず、次の手順でオブジェクトを作成します。

最初に取り掛かるのは、「サブスクリプション」「アジア展開」などと記したオブジェクトの作成です。1つの「図形＋テキスト」を完成させて、それを3つ複製したうえで、テキストを書き直すと効率的です。そして、めくる「蓋」をつくるために、1つの図形のみを複製。複製した図形を「蓋」につくり替えていきます。

〈「めくりスライド」のオブジェクトをつくる手順〉
手順① **「図形」と「テキストボックス」を設定する**（図31-2）。
手順② **めくる「蓋」をつくるために、図形の1つをコピペする**（図31-3）。
手順③ **コピペした図形にカラーを塗り、「1」と入力した「テキストボックス」を配置して、1つの「蓋」を完成させる**（図31-4）。

図 31-2 ▶ 「図形」と「テキストボックス」を設定する

手順①

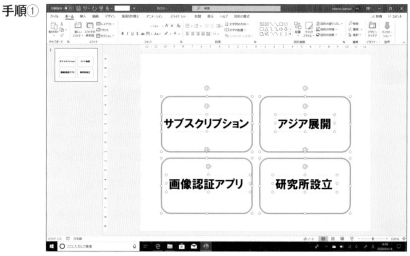

1つの「図形＋テキスト」をグループ化したうえで、3つのオブジェクトをコピペ。複製したオブジェクトのテキストを書き換える。

図 31-3　｜　「蓋」をつくるために、図形の1つをコピペする

手順②

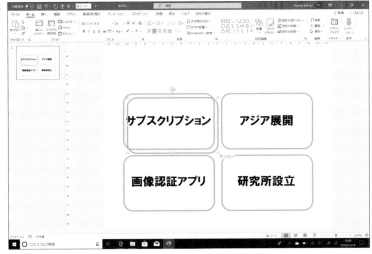

「蓋」をつくるために、図形の1つをコピペする。

図 31-4　｜　コピペした図形を「蓋」に加工する

手順③

複製した図形にカラーを塗り、「1」のテキストボックスを白抜き文字で作成して、「蓋」をつくる。

１つの「蓋」が完成したら、その「蓋」を３つコピペして、数字を書き換えればよいのですが、ここで、やっておくべきことがあります。このあとの工程で、すべての「蓋」に「ワイプ」を施す必要がありますから、このタイミングで「蓋」の図形とテキストボックスをグループ化しておくのです。

　グループ化しないまま「蓋」を複製すれば、４つの「蓋」を１つずつグループ化しなければなりません。グループ化した「蓋」をコピペすれば、複製された「蓋」もグループ化されていますから、余計な手間を省けるのです。

〈「めくりスライド」のオブジェクトをつくる手順〉
　手順④　完成した「蓋」の図形とテキストボックスを［Ctrl＋左クリック］で選択してグループ化する（図31-5）。
　手順⑤　グループ化した「蓋」を枚数分コピペする（図31-6）。
　手順⑥　「蓋」をそれぞれのボックスに重ね、数字を修正する（図31-7）。

図 31-5 「蓋」の図形とテキストボックスをグループ化する

手順④

❶完成した「蓋」の図形とテキストボックスを［Ctrl＋左クリック］で選択。
［❷ホーム＞❸配置＞❹グループ化］をクリックする。

図31-6　グループ化した「蓋」を枚数分コピペする

手順⑤

グループ化した「蓋」を枚数分コピペする。

図31-7　「蓋」をそれぞれのボックスに重ねる

手順⑥

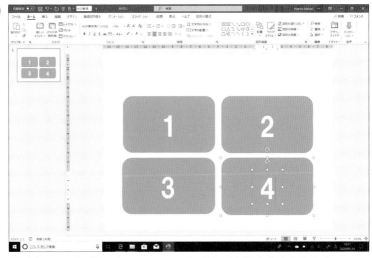

「蓋」を4つのオブジェクトにかぶせて、それぞれ数字を書き換える。

「ワイプ」を設定する

　これで準備完了。続けて、次の手順で「ワイプ」を設定していきます。

　ここで注意していただきたいのは、Lesson30の「ワイプ」の設定方法とは異なることです。というのは、Lesson30のスライドは、テキストを「ワイプ」で表示するアニメーションでしたが、「めくりスライド」は、「蓋」を「ワイプ」で消すアニメーションだからです。「ワイプ」で消すときには、［アニメーション＞終了］で、「ワイプ」を設定します。

〈「めくりスライド」に「ワイプ」を設定する手順〉
　手順⑦　［Ctrl＋左クリック］で、4つの「蓋」を選択（図31-8）。
　手順⑧　［アニメーション＞終了］の「ワイプ」を選択（図31-9）。
　手順⑨　［アニメーション＞効果のオプション］の「左から」を選択（図31-10）。

図 31-8　4つの「蓋」を選択する

手順⑦

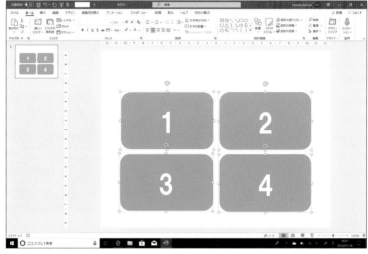

［Ctrl＋左クリック］で、それぞれがグループ化されている4つの「蓋」を選択する。

254

図 31-9 「ワイプ」を設定する

手順⑧

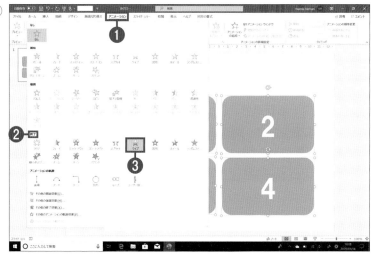

[❶アニメーション>❷終了>❸ワイプ]を選択する。

図 31-10 「左から」に変更する

手順⑨

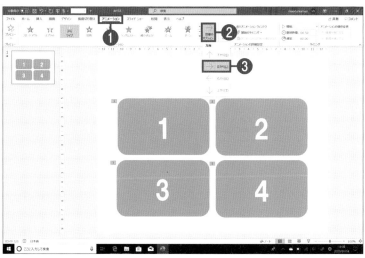

[❶アニメーション>❷効果のオプション>❸左から]に設定する。

最後に、「継続時間」「開始」を設定すれば、アニメーションの設定は終了。オブジェクトの位置を調整したうえで、スライドタイトルを挿入すれば、「めくりスライド」の完成です。

〈「めくりスライド」に「ワイプ」を設定する手順〉
　手順⑩　「アニメーションウィンドウ」の4つのオブジェクトが選択されている状態で、[アニメーション＞継続時間]を「0.75〜1秒」に設定する（図31-11）。
　手順⑪　「アニメーションウィンドウ」の4つのオブジェクトが選択されている状態のまま、[開始＞クリック時]に設定する（図31-12）。
　手順⑫　オブジェクトの位置を調整して、スライドタイトルを挿入（図31-13）

図 31-11 ▷ 「継続時間」を変更する

手順⑩

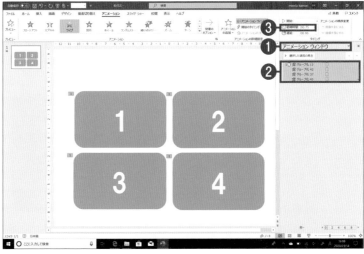

[❶アニメーションウィンドウ]の4つのオブジェクトが、❷のようにすべて選択されている状態で、[❸継続時間＞0.75〜1秒]に設定する。

図 31-12 ⇢ 「開始」を設定する

手順⑪

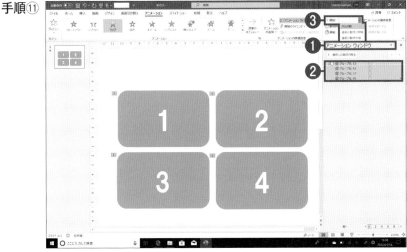

[❶アニメーションウィンドウ]の4つのオブジェクトを、❷のようにすべて選択したまま、[❸開始>クリック時]に設定する。

図 31-13 ⇢ スライドタイトルを入力する

手順⑫

「変形」で目線誘導する

 「画面切り替え」を活用する

　ここでは、「変形」という「画面切り替え」の機能を使って、テキストを効果的に見せる方法と、その設定手順を説明します。

　【図32-1】をご覧ください。これは、Lesson14で説明した「マジックナンバー3」のスライド。ある商品の特徴を「3つ」に絞って、効果的に伝えるものです。

　このスライドに「変形」を施すことで、②のように「簡単」という文字を変形させながら移動させて、③のようにキーメッセージがフワッと浮かび上

図 32-1 ▶「変形」の活用イメージ（フェードと併用）

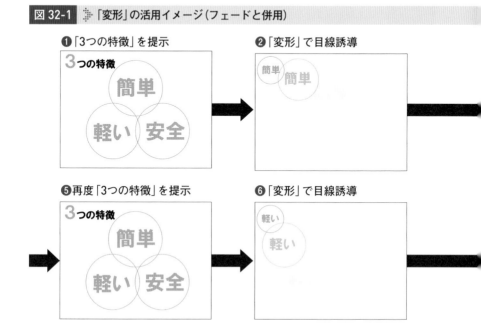

❶「3つの特徴」を提示

❷「変形」で目線誘導

❺再度「3つの特徴」を提示

❻「変形」で目線誘導

がるように「フェード」を設定します。こうすることで、自然に目線を誘導しながら、それぞれの特徴の詳細説明のスライドに移行することができるのです。

　しかも、④のスライドを示しながら、「簡単」という特徴について詳しい説明をしたあとに、⑤のスライドを示すことで、「３つの特徴」のスライドをもう一度見せることができます。このように、印象付けたい「マジックナンバー３」を"連打"することで、より一層相手の記憶に刻みつけることができるわけです。

「変形」「フェード」を設定する

　では、Lesson14で作成したスライドに、「変形」と「フェード」を設定する方法を説明します。

　ここで留意していただきたいのは、「変形」は"あるスライド"から"次の

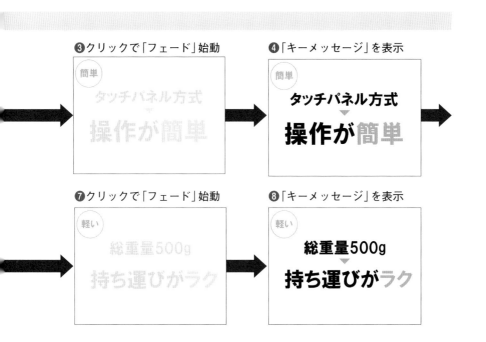

スライド"に画面が切り替わるときに施す「画面切り替え」という機能の1つだということです。ですから、Lesson29〜31で紹介してきたアニメーションは、「アニメーション」タブを使用してきましたが、「変形」は「画面切り替え」タブで設定することになります。それを踏まえたうえで、【図32-1】のスライドをつくる手順を説明します。

〈「変形」「フェード」を設定する手順〉
手順① 「サムネイル」でスライドを複製する（図32-2）。
手順② 2枚目のスライドで動かすオブジェクト以外をすべて削除する（図32-3）。
手順③ 2枚目のスライドの「図形」と「テキストボックス」を縮小したうえで、「変形」で移動させた後に置きたい場所に移動する（図32-4）。

図 32-2 「サムネイル」でスライドを複製する

手順①

❶「サムネイル」でスライドを複製する。

図 32-3　🔅 2枚目のスライドで動かすもの以外をすべて削除

手順②

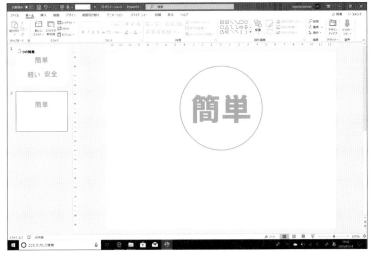

2枚目のスライドで動かすオブジェクト以外はすべて削除する。

図 32-4　🔅 2枚目のスライドを移動後の状態にする

手順③

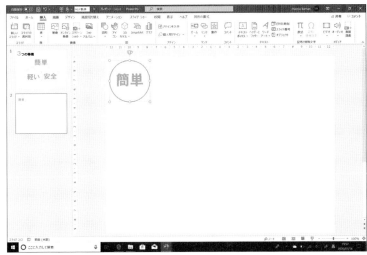

2枚目のスライドの「図形」と「テキストボックス」を縮小したうえで、移動させた後に置きたい場所に移動する。

ここから、「変形」の設定に取りかかります。

まず、「サムネイル」で、**手順③**で作成した2枚目のスライドを選択して、「画面切り替え」タブで「変形」を設定します。

また、「画面切り替え」が作動し始めてから終わるまでの時間設定は、「期間」で行います。「2.0秒」がデフォルト設定になっていますが、それではやや長いので、私は基本的に「0.75～1秒」で設定しています。

〈「変形」「フェード」を設定する手順〉

手順④ **「サムネイル」で2枚目のスライドを選択したうえで、[画面切り替え>変形]を設定。「期間」を「0.75～1秒」に変更（図32-5）。**

手順⑤ **2枚目のスライドに、キーメッセージを入力したテキストボックスを配置する（図32-6）。**

手順⑥ **キーメッセージを構成するオブジェクトを「グループ化」（図32-7）。**

図 32-5 ❯ 2枚目のスライドに「変形」を設定する

手順④

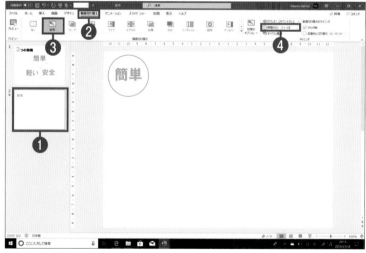

❶「サムネイル」で2枚目のスライドを選択したうえで、[❷画面切り替え>❸変形]を設定。[❹期間]を「0.75～1秒」に変更する。

図 32-6 ▶ 2枚目のスライドにキーメッセージを入力する

手順⑤

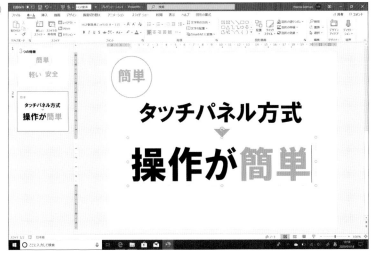

図 32-7 ▶ キーメッセージのオブジェクトを「グループ化」する

手順⑥

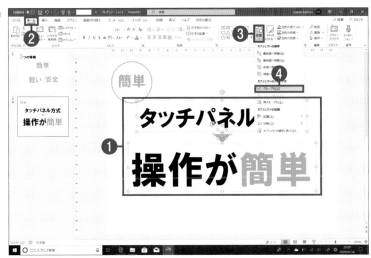

❶ キーメッセージを構成する3つのオブジェクトを[Ctrl＋左クリック]で選択したうえで、[❷ホーム＞❸配置＞❹グループ化]をクリック。

続いて、手順⑥でグループ化したキーメッセージに、次の手順で「フェード」を設定します。その後、同じ要領で、「簡単」以外のキーワードである「軽い」「安全」についても「変形」「フェード」を設定していきます。

〈「変形」「フェード」を設定する手順〉
手順⑦　グループ化したキーメッセージを選択したうえで、［アニメーション＞フェード］を設定する（図32-8）。
手順⑧　［アニメーション＞開始］を「クリック時」に、［アニメーション＞継続時間］を「0.75～1秒」に設定する（図32-9）。
手順⑨　「サムネイル」で、1枚目のスライドをコピーして、2枚のスライドを複製する（図32-10）。
手順⑩　このスライドで動かすオブジェクト以外をすべて削除する（図32-11）。以後、手順③以降のプロセスを繰り返す。

図 32-8 グループ化したオブジェクトに「フェード」を設定する

手順⑦
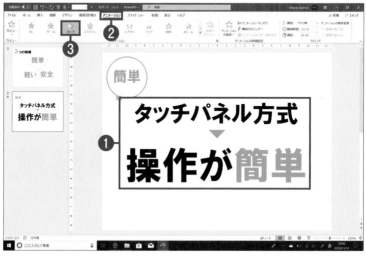

❶グループ化したオブジェクトを選択したうえで、［❷アニメーション＞❸フェード］を設定する。

図 32-9 フェードの「開始」と「継続時間」を設定する

手順⑧

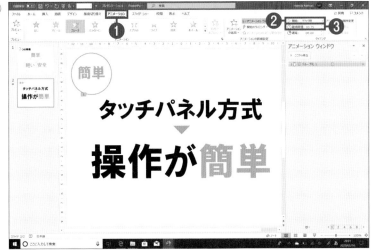

[❶アニメーション>❷開始]を「クリック時」に、[❸継続時間]を「0.75〜1秒」に設定する。

図 32-10 1枚目のスライドを2枚複製する

手順⑨

❶「サムネイル」で、1枚目のスライドを2枚複製する。

図 32-11 ▶ 4枚目のスライドで動かすもの以外をすべて削除

手順⑩

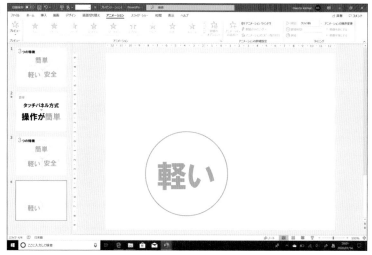

4枚目のスライドで動かすオブジェクト以外をすべて削除。以後、手順③以降のプロセスを繰り返す。

　なお、手順⑥～⑧で、キーメッセージの3つのオブジェクトをグループ化して「クリック時」に設定しましたが、グループ化せずに「フェード」を設定してもOKです。グループ化していない3つのオブジェクトを、[Ctrl＋左クリック]ですべて選択して「フェード」を設定すれば、「タッチパネル方式＝クリック時」「▽＝直前の動作と同時」「操作が簡単＝直前の動作と同時」にデフォルト設定されます。クリックすれば3つのオブジェクトが同時に作動し始める設定なので、グループ化した場合と同じことになるわけです。

　また、クリックして「タッチパネル方式」をフェードで示し、もう一回クリックして「▽」と「操作が簡単」をフェードで同時に表示したい場合には、「タッチパネル方式＝クリック時」「▽＝クリック時」「操作が簡単＝直前の動作と同時」に設定します（後二者をグループ化して「クリック時」に設定しても可）。このように「直前の動作と同時」を使用する機会はありますが、私は、「直前の動作の後」を使うことはほぼありません。

Lesson 33 「比率変動スライド」をつくる

 画像スライドの「変形」で興味を惹きつける

Lesson32では、テキストを「変形」で見せることで効果的なスライドをつくる方法について説明しましたが、ここでは、画像を「変形」で見せることで効果的なスライドをつくる方法をご紹介します。

比率を「変形」で見せる手法です。そう言われても、イメージがわかないと思いますので、【図33-1】をご覧ください。

図 33-1 「比率変動スライド」の例

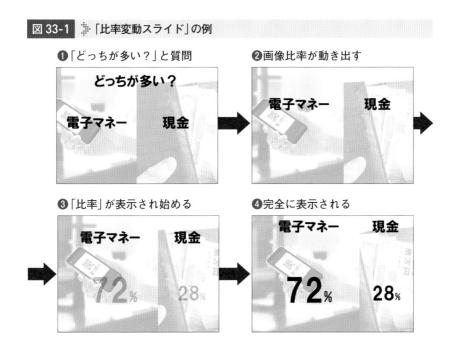

❶「どっちが多い？」と質問

❷画像比率が動き出す

❸「比率」が表示され始める

❹完全に表示される

これは、「電子マネー」と「現金」を使っている人の比率を見せるスライドです。①のスライドで、「どっちが多い？」と質問することによって、相手に考えてもらうことで、プレゼンを「自分ごと」にしてもらう仕掛けになっています。

ただし、そのあとすぐに「答え＝数字」を見せてしまうと、相手は興醒めしてしまいます。そこで、②のように画像の比率を徐々に変動させることによって、「答え」を暗示します。そして、③～④で「答え＝数字」を明示するわけです。このように、「変形」を活用することで、相手の興味を惹きつける演出ができるのです。

「比率変動スライド」のつくり方

では、【図33-1】のアニメーションを設定する方法を説明しましょう。

まず、1枚目のスライドを作成します。ここで重要なのは、2枚の画像を、スライド・スペースの「50:50」に配置したうえで、それぞれの画像の「見せたい部分」が見えるように調整することです。

この作業を最速で行うために便利なのが、トリミング機能です。というのは、トリミングをかけると画像が透過されるので、【図33-3】のように、スライドの左端から中央がどの範囲かが一目瞭然となるからです。トリミングをかけないと、画像が透過されないので、スライドの左端がどこなのかがわかりません。その結果、作業をスムースに進めることができないのです。

〈「比率変動スライド」をつくる手順〉
手順① **画像を1枚挿入する（図33-2）**
手順② **画像を選択したうえで［図の形式＞トリミング］をクリック。スライドの左半分のサイズにトリミングする（図33-3）。**

手順②でスライドの半分の大きさにトリミングしたら、次に、「見せたい部分」が見えるように画像を移動させます。トリミングをはずさず、画像を透

図 33-2 ⇒ 画像を1枚挿入する

手順①

図 33-3 ⇒ スライド左半分のサイズにトリミングする

手順②

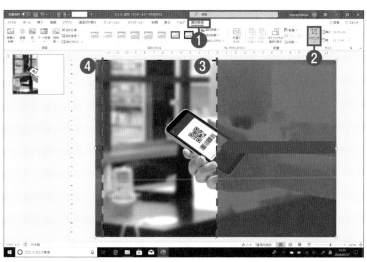

［❶図の形式＞❷トリミング］を選択。❸の点線（ルーラー横軸の「0」）まで
トリミングし、❹スライド左端からはみ出ている部分もトリミングする。

過させた状態のままでドラッグさせれば、位置関係を把握しながらすぐにベストポジションに移動させることができます。

　なお、「見せたい部分」とは、画像の意図を直感的に把握できるパーツをしっかり見せるということです。1枚目の画像であれば、「スマホのQRコード決済画面」が見えていれば「電子マネー」を直感できます。

　そのように画像をセッティングできたら、1枚目の画像のセッティングは完了。続いて2枚目の画像も同じ要領でセットします。

〈「比率変動スライド」をつくる手順〉
　手順③　**1枚目の画像の「見せたい部分」が見えるように調整（図33-4）。**
　手順④　**2枚目の画像を挿入して、手順②と同じ要領で、スライドの右半分のサイズにトリミングする（図33-5）。**
　手順⑤　**2枚目の画像の「見せたい部分」が見えるように調整（図33-6）。**

図 33-4　「見せたい部分」が見えるように画像を移動

手順③

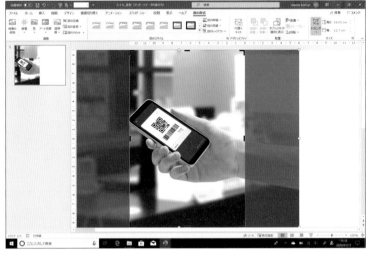

トリミングをかけたまま、「見せたい部分（＝スマホのQRコード決済画面）」が見えるように、画像をドラッグで移動させる。

図 33-5 ▏ スライド右半分に2枚目の画像をトリミングする

手順④

2枚目の画像も、❶の点線(ルーラー横軸の「0」)までトリミングするととも
に、❷のスライド右端までをトリミングする。

図 33-6 ▏ 「見せたい部分」が見えるように画像を移動

手順⑤

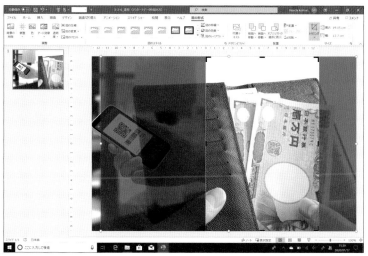

トリミングをかけたまま、「見せたい部分(=お札、特に壱万円の部分)」が
見えるように、画像をドラッグで移動させる。

2枚の画像の配置が決まったら、トリミングをはずし、画像透過（Lesson27参照）を施したうえで、テキストボックスを配置します。これで、1枚目のスライドが完成です。そして、2枚目のスライドを作成するために、1枚目のスライドを「サムネイル」で複製します。

〈「比率変動スライド」をつくる手順〉
手順⑥ **2枚の画像に、それぞれ「透過」を施す（図33-7）。**
手順⑦ **テキストを入力した「テキストボックス」を配置する（図33-8）。**
手順⑧ **「サムネイル」で、1枚目のスライドを複製する（図33-9）。**

図 33-7 2枚の画像に、それぞれ「透過」を施す

手順⑥

❶画像を選択したうえで、[❷図の形式＞❸透明度]をクリックして、❹で透明度を選択（ここでは「透明度50%」に設定）。

図 33-8 ▶ 「テキストボックス」を配置する

手順⑦

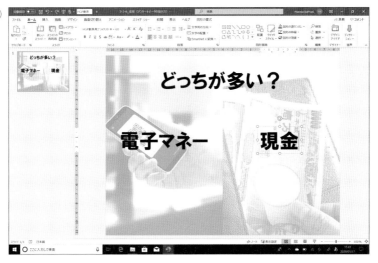

図 33-9 ▶ スライドを複製する

手順⑧

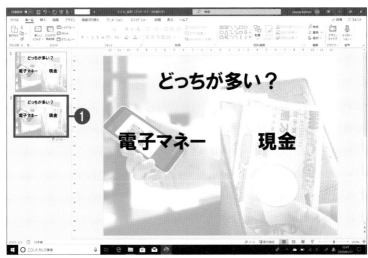

❶「サムネイル」で1枚目のスライドを複製する。

2枚目のスライドは、「変形」が終わった状態になるように調整します。

まず、2枚の画像を、だいたい「72:28」の比率になるように変更します。左の画像から着手しますが、その作業をやりやすいように、右の画像を右方向にずらしておくとよいでしょう。そのうえで、左の画像のトリミング位置をドラッグで移動させて、スライドの約72%表示になるように調整します。

続いて、右の画像を、左の画像の右端にくっつくように移動させます。さらに、「お札」がしっかり見えるように、右の画像の位置を調整します。

〈「比率変動スライド」をつくる手順〉

手順⑨ 作業をしやすいように、右の画像をずらす。左の画像がスライドの約72%に表示されるように、トリミング位置を変更する（図33-10）。

手順⑩ 右の画像を、左の画像の右端にくっつくように移動（図33-11）。

手順⑪ 「お札」がしっかり見えるように配置調整をしたうえで、不要な部分はトリミングでカットする（図33-12）。

図 33-10 左の画像がスライドの約72%になるようにトリミングを変更

手順⑨

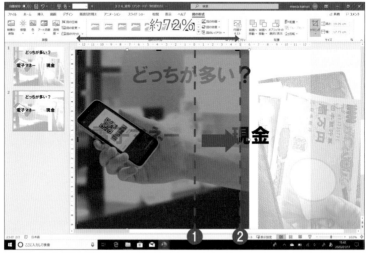

左の画像が、スライドの「約72%」のスペースを占めるように、❶のライン（ルーラー横軸の「0」）から❷のラインまでトリミング位置を変更。

図 33-11 ▷ 右の画像を、左の画像の右端にくっつくように配置

手順⑩

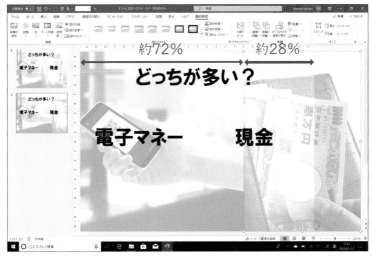

右の画像を、左の画像の右端にくっつくように配置する。

図 33-12 ▷ 「見せたい部分」が見えるように右の画像をずらす

手順⑪

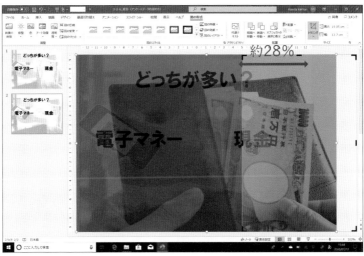

右の画像にトリミングをかけて、画像が透過される状態で、「見せたい部分
＝お札、特に壱万円の部分）」が見えるように画像位置をずらす。

2枚目のスライドの画像位置が決まったら、テキストボックスを修正・配置します。こうして、2枚目のスライドが完成したら、「サムネイル」で2枚目のスライドが選択されていることを確認したうえで、[画面切り替え>変形]を設定。「クリック時」にチェックが入っていることを確認したうえで、「期間」を「1.5秒」に設定すれば完成です。

なお、Lesson29で、私は基本的に「アニメーション」「画面切り替え」は「0.75〜1秒」に設定すると伝えましたが、このスライドでは、間をとるために「1.5秒」に設定しました。

〈「比率変動スライド」をつくる手順〉
手順⑫ 「テキストボックス」を修正・配置する（図33-13）。
手順⑬ 「サムネイル」で2枚目のスライドを選択したうえで、[画面切り替え>変形]を選択。「クリック時」にチェックが入っていることを確認したうえで、「期間」を「1.5秒」に設定する（図33-14）。

図 33-13 「テキストボックス」を修正・配置する

手順⑫

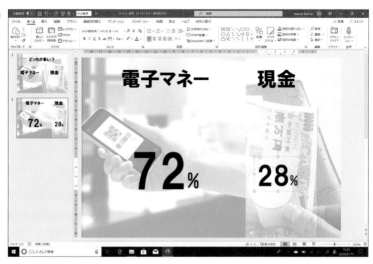

図 33-14 ⟡ 「変形」を設定する

手順⑬

❶「サムネイル」で2枚目のスライドを選択。[❷画面切り替え＞❸変形]を設定。
[❹クリック時]に設定されていることを確認し、[❺期間]を「1.5秒」に設定。

Lesson 34

効果的な「画面切り替え」の方法

 「画面切り替え」の「フェード」で余韻を残す

　第5章の最後に、「画面切り替え」の2つの"小技"を紹介します。"小技"とはいえ、自然なスライド展開にしたり、プレゼンに変化やインパクトを与えるうえで、非常に有効な技法です。ぜひ、要所で使っていただきたいと思います。

　まず、「画面切り替え」の「フェード」を使う方法です。【図34-1】をご覧ください。①のスライドは、悩んでいるビジネスパーソンのモノクロ写真に、「こんな課題はありませんか？」というキーメッセージが配置され、なんとなく心に迫る感じの効果的なスライドになっています。

　ところが、このスライドから、いきなり②のスライドに切り替わったら、①のスライドの余韻が打ち消されてしまいます。せっかくつくった1枚目のスライドの効果が台無しになるのは、もったいないですよね？

　こんなときに使えるのが、「画面切り替え」の「フェード」です。【図34-1】のⒶ〜Ⓒのように、画面切り替えに「フェード」を設定することで、1枚目の余韻を残しながら、フワッと画面を切り替えられるのです。

〈「フェード」で画面を切り替える手順〉
　手順① 「サムネイル」で2枚目のスライドを選択する（図34-2）。
　手順② ［画面切り替え＞フェード］を選択し、「期間」を「0.75〜1秒」
　　　　に設定する（図34-3）。

 「フェード」で画面を切り替える方法

　設定方法は次のように非常に簡単です。

図 34-1 ▶「フェード」で画面を切り替えるイメージ

❶印象的なスライド

❷いきなり切り替わる

・コミュニケーション不足

・サーベイ結果が悪い

・多部署との比較

Ⓐ印象的なスライド

Ⓑ「フェード」で画面切り替え

・コミュニケーション不足

こんな課題は
あり・サーベイ結果が悪い

・多部署との比較

Ⓒ余韻を残しつつ「画面切り替え」

・コミュニケーション不足

・サーベイ結果が悪い

・多部署との比較

「フェード」で画面を
切り替えると、
1枚目の余韻が残る！

図 34-2 「サムネイル」で2枚目のスライドを選択する

手順①

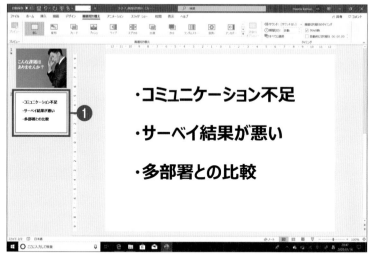

❶「サムネイル」で2枚目のスライドを選択。

図 34-3 「フェード」を設定する

手順②

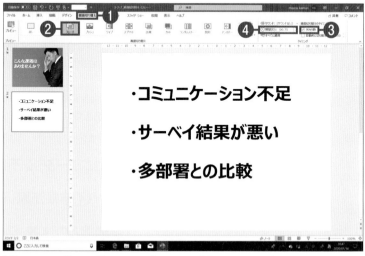

[❶画面切り替え＞❷フェード]を設定。[❸クリック時]にチェックが入っていることを確認し、[❹期間]を「0.75〜1秒」に設定。

◉「扉」でインパクトを生む

　もう１つの、「画面切り替え」の“小技”が「扉」です。

【図34-4】をご覧ください。これは、①のスライドで、「長時間」「決まらない」「発言できない」という会議の問題点を列記したうえで、その問題解決のために『最高品質の会議術』という書籍が役に立つことを訴える②のスライドを提示するという構成になっています。

　ネガティブ・メッセージを伝える①のスライドを、「黒地＋白抜き文字」で表現しており、非常に効果的なものになっています。ところが、いきなり②のスライドに切り替わると、①と②のスライドのつながりが直感的に把握しにくくなってしまいます。

　このようなときに使えるのが「扉」という機能。【図34-4】のⒶ〜Ⓓのように、Ⓐのスライドが「扉」のように開いて、そこからⒹのスライドが飛び出してくるような効果をもちます。このような展開であれば、ⒶとⒹのつながりを直感的に把握しやすいうえに、ネガティブな状況を「打開」するイメージを表現することもできます。

「扉」は、かなり派手な動きをするため、多用すると“安っぽい”印象を与えかねませんが、１回のプレゼンで“１回限り”を鉄則に活用すれば非常に効果的です。ぜひ、お試しください。

◉「扉」で画面を切り替える方法

　設定方法は、「フェード」と同じです。

〈「扉」で画面を切り替える手順〉
　手順①　「サムネイル」で2枚目のスライドを選択する（図34-5）。
　手順②　[画面切り替え＞扉]を設定し、「期間」を「0.75〜1秒」に設定する（図34-6）。

図 34-4 ▶「扉」で画面を切り替える

❶ネガティブ・スライド

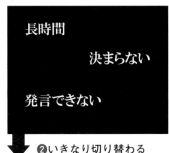

↓ **❷いきなり切り替わる**

Ⓐネガティブ・スライド

↓ **Ⓑ「扉」で画面切り替え①**

↓ **Ⓒ「扉」で画面切り替え②**

↓ **Ⓓ「打開」感を伴って登場**

「扉」で画面を
切り替えると、
ネガティブな状況を
「打開」する印象を
生み出せる。

図 34-5　　2枚目のスライドを選択する

手順①

❶「サムネイル」で2枚目のスライドを選択。

図 34-6　　「扉」を設定する

手順②

[❶画面切り替え＞❷扉]を設定。[❸クリック時]にチェックが入っている
ことを確認し、[❹期間]を「0.75〜1秒」に設定。

Column 5

データ容量を削減して「保存」する

⦿「PDF形式」で保存する

　プレゼン資料は、「画像」などが大量に挿入されるため、データ容量が大きくなりがちです。もちろん、プレゼン本番でモニターに投影するときは、フル容量のデータを活用しますが、上司への確認用にメール添付するような場合には、そのままでは非常に不便です。そこで、ここでは、データ容量を落としてファイル保存する方法をお伝えします。

　まず、PDFで保存する方法です。これは非常に簡単で、［ファイル＞名前を付けて保存］で、ファイル名を入力したうえで、拡張子リストのなかから

図 C5-1　⦿「PDF」で保存する方法

［ファイル＞❶名前を付けて保存］をクリック。❷で名前を付けて、［❸PDF (*.pdf)］を選択。［❹保存］をクリックすれば完了。

「PDF（*.pdf）」を選択して、「保存」をクリックすれば完了です（図C5-1）。

◉「画像」のデータ容量を落として保存する

　次に、「画像」のデータ容量を落として保存する方法をお伝えします。この方法であれば、アニメーションがカットされることなく、データ容量を落とすことができるので、非常に便利です。

　まず、【図C5-2】のように、画像が挿入されているスライドを表示します。そして、画像を選択したうえで、［図の形式＞図の圧縮］をクリック。表示されるウィンドウの「この画像だけに適用する」のチェックを外し、「図のトリミング部分を削除する」にチェックを入れ、［解像度＞電子メール用］に設定して、「OK」をクリックすれば完了です。

図 C5-2 ▷ 「画像」のデータ容量を落として保存する方法

❶「サムネイル」で画像を含むスライドを選択。［❷図の形式＞❸図の圧縮］をクリック。［❹この画像だけに適用する］のチェックを外し、［❺図のトリミング部分を削除する］にチェック。［❻解像度＞❼電子メール用］にチェックを入れて、［❽OK］をクリック。

あとがき

「優れたプレゼン資料」をつくる秘訣

　本書をご活用いただき、まことにありがとうございます。

　ご紹介した「スライドの型」と、その「型」をつくるためのパワーポイントの操作手順をマスターしていただければ、必ず、資料作成の効率は劇的に向上すると確信しています。

　そのためには、本書のノウハウを活用しながら、とにかく何度も何度もプレゼン資料をつくる経験を積み重ねて、「体」で覚えてしまうことです。そうなれば、1つひとつの操作を「考え」ながら行うのではなく、「指」が勝手に動いていくようになり、作業効率も驚くほどよくなります。

　ただし、プレゼン資料の文化は企業によって異なりますので、本書が推奨している「スライドの型」をそのまま活用できないこともあります。そのときには、文化に合わせる必要がありますから、私は、本書のノウハウが「絶対的なもの」とは考えていません。それぞれの企業に合わせて、本書のノウハウを適宜アレンジしていただければと思います。

　また私は、本書で紹介した「パワーポイントの操作法」をマスターすれば、ベーシックなビジネス・プレゼン資料を「プロフェッショナル」のレベルでつくれるようになると考えていますが、「これがすべて」とは考えていません。

　私自身、娯楽性の高いプレゼンや、孫正義社長（当時）の対外的なプレゼン資料をつくるときなどには、本書では触れなかった機能も使ってきました。ただ、そうした技術も、本書でご紹介したノウハウを基本にして発展させたものです。だから、まずは、本書のノウハウをしっかりと身につけていただくことが大切だと考えています。

　プレゼン資料の作成技術を向上させていくためには、いろいろなものを観

察して、「これは優れた表現だな」「パワーポイントをどのように操作すれば、この表現ができるのか?」と自問自答しながら、試行錯誤することです。

　優れたプレゼン資料をつくるプロフェッショナルは、世の中にたくさんいらっしゃいます。私も、日々、そんなプレゼン資料に触れ、「これはいい!」と思ったときには、すぐにマネをして採り入れています。

　テレビ番組も非常に参考になります。特に、ニュース番組などでの「映像」「画像」「テキスト」の見せ方には、プロフェッショナルの知恵がふんだんに盛り込まれています。本書で紹介した「スライドの型」も、テレビ番組に触発されて生み出したものがいくつも含まれているのです。

　プレゼン資料のヒントは、世の中にあふれています。ぜひ、それらを見つけ出して、参考にしながら、あなた独自の「スライドの型」「パワーポイントの活用法」を編み出していただければと思っています。プレゼン資料には、そんなクリエイティブな喜びもあるのです。

　とはいえ、ビジネスにおいて最も重要なのは、「何をすべきか?」を考え、それを「実行」することです。その時間を最大化するためには、プレゼン資料を作成する時間をできるだけ短くすることが大切です。

　そのためには、パワーポイントの機能に詳しくなるのではなく、徹底的に相手の立場に立って、「どうすればわかりやすいか?」「どういう情報を盛り込めば、意思決定できるか?」などを考え抜くことが大切です。そして、そのようなスライドを最速でつくる「パワーポイントの操作法」をマスターする。これこそが、ビジネスで最大の成果を上げるために重要なことなのです。

　最後になりますが、本書は、私の同志である堀口友恵さんの多大なるサポートがなければ完成させることができませんでした。また、彼女の卓越したアイデアと粘り強い取り組みによって、私が培ってきたノウハウを超えるクオリティに押し上げていただきました。彼女の貢献に、心から感謝いたします。ありがとうございました。

　2020年3月　　　　　　　　　　　　　　　　　　　　　　　前田鎌利

【著者プロフィール】

前田鎌利（まえだ・かまり）

1973年福井県生まれ。東京学芸大学卒業後、光通信に就職。「飛び込み営業」の経験を積む。2000年にジェイフォンに転職して以降、ボーダフォン、ソフトバンクモバイル（現ソフトバンク）と17年にわたり移動体通信事業に従事。営業プレゼンはもちろん、代理店向け営業方針説明会、経営戦略部門において中長期計画の策定、渉外部門にて意見書の作成など幅広く担当する。
2010年にソフトバンクグループの後継者育成機関であるソフトバンクアカデミア第1期生に選考され、事業プレゼンで第1位を獲得。孫正義社長に直接プレゼンして数多くの事業提案を承認されたほか、孫社長が行うプレゼン資料の作成も多数担当した。ソフトバンク子会社の社外取締役や、ソフトバンク社内認定講師（プレゼンテーション）として活躍したのち、2013年12月にソフトバンクを退社。独立後、『社内プレゼンの資料作成術』『社外プレゼンの資料作成術』『プレゼン資料のデザイン図鑑』（ダイヤモンド社）を刊行して、ビジネス・プレゼンの定番書としてベストセラーとなる。
2016年、株式会社固を設立。ソフトバンク、ヤフーをはじめとする通信各社、ベネッセコーポレーションなどの教育関係企業・団体のほか、鉄道事業者、総合商社、自動車メーカー、飲料メーカー、医療研究・開発・製造会社など、多方面にわたり年間200社を超える企業においてプレゼン研修・講演、資料作成、コンサルティングなどを行う。プレゼンテーション協会代表理事、サイバー大学客員講師なども務める。

パワーポイント最速仕事術

2020年3月4日　第1刷発行
2024年2月8日　第5刷発行

著　者　　　前田鎌利
発行所　　　ダイヤモンド社
　　　　　　〒150-8409　東京都渋谷区神宮前6-12-17
　　　　　　https://www.diamond.co.jp/
　　　　　　電話／03・5778・7233（編集）　03・5778・7240（販売）

装丁―――――――奥定泰之
本文デザイン―――斎藤 充（クロロス）
DTP――――――谷関笑子（TYPEFACE）
図版デザイン―――堀口友恵（固）
製作進行―――――ダイヤモンド・グラフィック社
印刷―――――――勇進印刷（本文）・新藤慶昌堂（カバー）
製本―――――――ブックアート
編集担当―――――田中 泰